全椒古籍叢書

金兆燕集

1

（清）金兆燕 撰

政協全椒縣委員會 編

國家圖書館出版社

圖書在版編目(CIP)數據

金兆燕集:全六册 / (清)金兆燕撰;政協全椒縣委員會編. —北京:國家圖書館出版社,2019.8

(全椒古代典籍叢書)

ISBN 978-7-5013-6744-3

Ⅰ.①金… Ⅱ.①金… ②政… Ⅲ.①金兆燕(1719—1791)—文集 Ⅳ.①Z429.49

中國版本圖書館CIP數據核字(2019)第086324號

國家圖書館出版社
官方微信

書　　名	金兆燕集(全六册)
叢 書 名	全椒古代典籍叢書
著　　者	(清)金兆燕　撰　政協全椒縣委員會　編
責任編輯	張愛芳　陳瑩瑩
封面設計	翁　涌
出版發行	國家圖書館出版社(北京市西城區文津街7號　100034) (原書目文獻出版社　北京圖書館出版社) 010-66114536　63802249　nlcpress@nlc.cn(郵購)
網　　址	http://www.nlcpress.com
印　　裝	北京華藝齋古籍印務有限公司
版次印次	2019年8月第1版　2019年8月第1次印刷
開　　本	710×1000(毫米)　1/16
印　　張	139.875
書　　號	ISBN 978-7-5013-6744-3
定　　價	1800.00圓

《全椒古代典籍叢書》編纂委員會

《全椒古代典籍叢書》出版委員會

總序

皖東全椒，地介江淮，壤接合寧，古爲吴楚分野，今乃中部通衢，建置歷史悠久，文化底蕴深厚。據《漢書·地理志》載，全椒於漢高祖四年（前二〇三）置縣，迄今已逾二千二百二十年。雖屢經朝代更替，偶歷廢易僑置，然縣名、治所乃至疆域終無巨變。是故國史邑乘不絶筆墨，鄉風民俗可溯既往，遺址古迹歷然在目，典籍辭章卷帙頗豐。

有唐以降，全椒每以文名而稱江淮著邑。名臣高士時聞於朝野，文采風流廣播於海内。本邑往哲先賢所撰經史子集各類著作并裒輯之文集，於今可考可見者，凡數百種一百七十餘家。其年代久遠者，如南唐清輝殿學士張洎之《賈氏譚録》、宋代翰林承旨吴幵之《優古堂詩話》《漫堂隨筆》；其聲名最著者，如明代高僧憨山大師（釋德清）之《憨山老人夢游集》、清代文豪吳敬梓之《儒林外史》；至於衆家之鴻篇巨制、短編簡帙，乃至閨閣之清唱芳吟，舉類繁複，不一而足。又唐代全椒鄉賢武后時宰相邢文偉，新舊《唐書》均有其傳，稱以博學聞於當朝，而竟無片紙傳世，諸多文獻亦未見著録其作；明代全椒鄉賢陽明心學南中王門學派首座戚賢，辭官歸里創南譙書院，經年講學，名重東南，《明史》有傳，然文獻中唯見其少許佚文，尚未見輯集。凡此似於理不合，贅言書此，待博見者考鏡。

雖然，全椒古爲用武之地，戎馬之鄉，兵燹頻仍，紳民流徙，兼之水火風震，災變不測，致前人之述作多有散佚。或僅見著録下落不明，或流散異鄉束之高閣，且溯至唐代即疑不可考，搜於全邑亦罕見一帙……倘任之如故，恐有亡失無徵之虞，亟宜博徵廣集，歸整編次。前代鄉先輩未嘗不欲求輯以繼往開來，然薪火絶續，非唯心意，時運攸關。

今世國運昌隆，政治清明，民生穩定，善政右文，全民呼應中華民族復興，舉國實施文化强國戰略。全椒縣政協準確把握時勢，以傳承發展中華優秀傳統文化爲己任，於二〇一七年發軔擔綱編纂《全椒古代典籍叢書》，獲全椒縣委、縣政府鼎力支持，一應人事財力，適時調度保障。二〇一八年十月，古籍書目梳理登記及招標采購諸事宜甫定，即行實施。

是編彙集宋初至清末全椒名卿學士之著述，兼收外埠選家裒集吾邑辭章之文集，宦游者編纂他邑之志書則未予收録。爲存古籍原貌，全套影印成册。所收典籍底本，大多散落國内各省市、高校圖書館及民間收藏機構，或流落海外，藏於日英美等異邦外域。若依文獻目録待齊集出版，一則耗時彌久，二則亦有存亡未定者，恐終難如願。爲搶救保護及便於閱研討，是編未按經史子集析分門類，而以著述者個人專題分而輯之，陸續出版。著多者獨自成集，篇短者數人合集，多則多出，少則少出，新見者續出。如此既可權宜，亦不失爲久遠可繼之策。全椒古籍彙集編纂，史爲首舉。倉促如斯，固有漏失，非求急功近利，實乃時不我待。拾遺補闕，匡正體例，或點校注疏，研發利用，唯冀來者修密，後出轉精。

賴蒙國家圖書館出版社承影印出版之任，各路專家學者屬意援手，令尋訪古籍、採集資料、版本之甄別、編纂之繁難變而稍易。《易》曰：『二人同心，其利斷金。』君子共識而遇時，其事寧有不濟哉？

文化乃民族之血脉，典籍乃傳承之載體。倘使吾邑之哲思文采，燭照千秋，資鑒後世，則非唯全椒一邑獨沾遺澤，亦可忝增泱泱中華之燦爛文明以毫末之光。

編次伊始，略言大要，勉爲是序。全椒末學陸鋒謹作。

《全椒古代典籍叢書》編纂委員會

二〇一八年十月

前言

盧見曾幕府是清乾隆時期頗引人注目的文化現象。官居兩淮鹽運使的盧氏招攬了大批負有名望的文人學者，形成了一個文化交流的中心，很快成爲江南地區的文壇盟主，金兆燕就是其中很有影響力的一位。他『爲新聲，作諢劇，依阿俳諧，以適主人意』，儼然成爲盧氏的文學侍從，在時賢如雲的幕府中可謂獨樹一幟。

金兆燕（1719—1791），安徽全椒人，字鍾越，號棕亭、樱亭子，别號全椒山中人、蕪城外史、蘭皋生，是有清一代著名的詩人和戲曲家。全椒金氏家族由浙西遷入，歷經數百年而家聲不墜，一直到金九陛、金九殿、金九章諸人在科舉場上脱穎而出，金氏始成爲享譽一時的名門望族。正如王鑄在《國子先生全集序》中所言：『全椒以科第、文學世其家，綿延歷數百年而不墜者，首推金氏。』而到了《揚州畫舫録》中，金兆燕與其父金榘、其子金台駿、其孫金璡合稱『金氏四才子』，可見金氏雖興旺於金兆燕的四世祖一輩，真正在文壇占有一席之地還要追溯到金兆燕父子。

金兆燕十三歲即隨父讀書，幼年時期經常往來於吴檠溪上草堂。吴檠與吴敬梓乃是表兄弟，他的書房經常彙集一些文人墨客，金兆燕常寓其中，耳濡目染，爲他今後真正走上文學道路打下了堅實的基礎。乾隆十二年（1747），金兆燕中舉，然而他的進士之路却異常崎嶇。乾隆十三年他第一次參加會試未中，此後他又七次赴京趕考，至乾隆三十一年方纔進士及第。按照好友廖景文在《罨畫樓詩話》中的説法，金兆燕是『老而獲雋者』，不過這樣的經歷也使得他能够在詩文中縱横馳騁，獲得更大更廣的開拓空間。乾隆三十三年，金兆燕任揚州府學教授。乾隆四十四年，遷國子監博士，升監丞，分校《四庫全書》。乾隆四十六年，辭官客居揚州江春康山草堂。乾隆五十四年返鄉，五十六年病逝於家鄉。

金兆燕曾在《次宋瑞屏韻，題范芝岩〈邗江話雨圖〉》一詩中謂：『我生性癖愛結交，良朋彙取如征茅』，形象地道出了他一生喜好結交的興趣所在。金氏在其一生中也確實交遊廣泛，與文人、官員、商賈、藝人等各個階層皆有往來。青少年時代在父親的引領下，拜謁張鵬翀、沈德潛等文壇名流，後又於乾隆二十二年赴鄭板橋桌會。在揚州期間，又結識了袁枚、蔣士銓、程晋芳等人，與他們詩酒唱和，魚雁往來。在金兆燕的作品中，時時見到乾隆時期文壇學界一流人物的身影，對於從另一個側面研究這一時期的文學史有着重要價值。

金兆燕一生著述極爲宏富，在詩詞曲文諸多方面皆有着不俗的水準。《金兆燕集》所收金氏著述三種，分别爲《國子先生全集》《旗亭記》和《嬰兒幻傳奇》。其中《國子先生全集》中的《棕亭詩鈔》於嘉慶十二年（1807）由其子金台駿最早刊刻，《棕亭詞鈔》《棕亭古文鈔》《棕亭駢體文鈔》則由其孫金珉編次，曾孫金疇、金醍校字刊印，這也正是道光十六年（1836）的刻本。本集所收《國子先生全集》是據復旦大學藏本影印，其中《古文鈔》《駢文鈔》及《詞鈔》皆題『道光丙申年刊，贈雲軒藏板』，而《詩鈔》却題『嘉慶丁卯年刊，贈雲軒藏板』。可見前三種所據乃是金珉後來編訂的本子，而《詩鈔》是據金台駿最早的藏板刊刻。

《續修四庫全書》與《清代詩文集彙編》此前皆收録金兆燕詩文詞，而其中體例内容確有細微差别。《續修四庫全書》也是根據復旦大學藏本影印，然而不知何故并未收進《詞鈔》。至於《旗亭記》和《嬰兒幻傳奇》從未以金兆燕專集的形式出版，即使是此前剛剛出版的吕賢平輯校《金兆燕集》，也衹是對其詩文詞的整理和輯佚，并未涉及戲曲。《嬰兒幻傳奇》的作者向有争議，我們存而不論，供學術界討論。

本次影印出版的《金兆燕集》，是金兆燕現存所有作品的第一次結集，相信能够給學界同行和文史愛好者提供很多研究上的便利。我們同時也熱切期望專家學者提出寶貴的意見！

《全椒古代典籍叢書》編纂委員會

二〇一九年七月

凡例

一、本集凡三種文獻，成書六册，乃金兆燕著述合集。

二、《國子先生全集》爲金氏詩詞文合集，冠於全集之首。

三、《嬰兒幻傳奇》或謂非金氏所作，今姑存而不論，供學界比勘。

四、本集所收各書，另撰書目提要，置於全書之前。

總目録

第一册

第二册

第三册

第四册

第五册

第六册

提要

一、國子先生全集四十三卷

《國子先生全集》四十三卷，清金兆燕撰。清嘉慶十二年（1807）至道光十六年（1836）贈雲軒刻本。内含四種，曰《椶亭古文鈔》十卷，文一百二十七篇；曰《椶亭駢體文鈔》八卷，文九十九篇，皆分體；曰《椶亭詩鈔》十八卷，詩一千三百二十二首，不分體；曰《椶亭詞鈔》七卷，詞四百一十首。沈德潛尤稱其《黄山》詩。王昶《湖海詩傳》亦謂其奇崛可喜。吴錫麒《椶亭古文鈔》序，謂其『興來如贈，情往若答，縱横排宕，又不可以派别繩之』。

二、旗亭記二卷

《旗亭記》二卷，清金兆燕撰。清乾隆二十四年（1759）盧氏雅雨堂刻本，鄭振鐸家藏本。卷首抄録『旗亭畫壁』本事，分載於《集異記》《全唐詩》《唐書》《通鑑綱目》諸典籍。除開場外上下卷皆十八齣，極盡演繹之能事。姚燮《今樂考證》引王昶云：『棕亭工院本，在揚州作《旗亭畫壁記》，盧雅雨刻之。』李調元《雨村曲話》作『金椒蘭皋所撰』，王國維《曲録》沿其誤，作『金椒撰，椒字蘭皋，□□人。』明鄭之文《旗亭記》、張龍文《旗亭讌》，清裘璉《旗亭館》，皆譜此事，可見流傳甚廣。

三、嬰兒幻傳奇三卷

《嬰兒幻傳奇》三卷三十齣，曹氏藏抄本，疑爲清金兆燕撰。本事見《西遊記》四十回至四十二回、五十九回至六十一回。卷首有金兆燕小傳及乾隆四十六年（1781）序。金兆燕《棕亭古文鈔》有《嬰兒幻傳奇序》云：『古今來能爲嬰兒者，方能爲聖爲賢，爲忠爲孝，爲佛爲仙。三教雖殊，保嬰則一。』或以爲非金氏所作。

第一册目録

國子先生全集四十三卷（卷首，棕亭古文鈔卷一至七）

（清）金兆燕 撰

清嘉慶十二年（1807）至道光十六年（1836）贈雲軒刻本

國[illegible]

全集

道光丙申中秋

銅士王鑄題

王序

全椒以科第文學世其家綿延歷數百年而不墜者首推金氏自勝代入

國朝或以武勳著或以中外政績著或以風節品學著代不乏人遜衍至櫻亭先生而其名益彰先生五十後始成進士宦終不過博士而獨以英辯敏速之才沈博絕麗之文騰踔雋上之氣傾倒一世淩轢前修其所著述自有千古夫固海內人人所共知者也而不知先生之行尤足以副乎其文平生篤孝友重交游敦氣誼家本寒素中年食揚州教授祿而待舉火者數十家食客

盈東西舍上下指數百族媥之無所依者故人子之孤弱者諸生中之貧無以自立者皆衣食之教誨之室家之務使各得其所而後已一皆取給於賣文之資有人所難能者且愛才如性命提唱風雅嘉進後學遇一才一藝之長津津道不置口一時東南翕然歸之凡所成就皆爲高才膴仕揚之人全之人至今競傳以爲美談則文之深厚夷和皆根於行之深厚夷和僅以筆落千言舌懸萬象推崇之末矣余少猶獲瞻風采時先生自國博請急歸旋客揚州里居日少不得數數見後與介臣徵君綈忘年之交令子璞生從余游又申以吾宗婚

姻之好乃得讀所刻櫻亭詩鈔然終未見全集也嗣余奉職西曹十餘年先生固久歸道山即介臣徵君亦不復相見去年自湖南道擢兩浙鹺使輙憶先生先世本浙人又爲舊游地且少參公有功德於斯土祠祀至今勿替公暇睇南屏之秀拔鑑西湖之瀲灔循韜光靈隱之曲峻每睪然於先生之文與行仿佛遇之適璞生自章門寓書告余近補刊先生古文駢體詩餘咸丐余一言弁其首余嘉璞生之能守先澤紹貽謀承數百年不墜之緒而益知先生之昌其文以昌其後者其源遠而流長也因就所見聞而筆諸簡介臣徵君當亦大慰於

九京而不以余言爲謬耶謹序

道光丙申秋九月鄉後學姻愚弟王鑄頓首拜譔

彭序

有文人之詩淵靜閑止優柔雅淡意有餘於匠技不傷其本取裁於初唐人之三昧者也有才人之詩雄邁縱恣捭脫羈束牛鬼蛇神以爲奇裁雲鏤月以爲新自盧仝李賀以下皆可追逐焉譬之於山川連岡疊嶂逶迤平遠亦有奇峯仄澗險絕崎嶇者譬之於居室前堂後寢宏麗靚深亦有曲廊層軒紆迴迷復者未可一例觀也幸生

熙和之世士尚詠歌江海之間異才輩出每覩剡箋之投輒捧誦不能置然其間才思各有所限根柢不深競

爲塗飾者多矣全椒金君櫻亭其才旣絕高淹貫載籍筆如湧泉時出游大江之濱由宣城返徽州至蓮花峯登黄山其間紺宇峭壁飛瀑深林寫難名之狀參古佛滌塵緣古音鏗然爭奇角勝雄豪意氣倜乎自遠而於友朋贈答曲盡纏綿之致宏篇短章間見層出蓋唐詩鼓吹光嶽英華之逸響也旣成進士爲揚州教授紅橋歌吹之地與漁洋山人後先掩映其吟咏之富不止修禊數章而已是殆以才人之卓犖更兼文人之詄蕩者與余向聞君名籍甚未得爲雲龍之遇去歲君以校書事至吳門邀集於虎阜山塘余賦詩爲贈君捉筆立和

音律妍麗同入靡不歎服已而以所刻櫻亭詩稿示余余惟今之從仕者大率役役於簿書期會之末而君獨澹於榮利好爲山水游詩瓢酒榼徜徉游衍與海内名流相倡和其在學官監視安定書院每與蔣太史心餘揚扢風雅導引後進風流迥出塵表是不獨其詩之可傳也即以詩論而以是著於

廊廟不徒爲折楊皇荂之詞庶幾慶雲流而景風翔矣乎爰爲之序而著其所得云長洲年世弟芝庭彭啟豐

吳序

灌嬰洗馬之池粼粼賸水孺子灌園之宅蓊蓊斜風當遙天芳草之時多夜雨紅鐙之會君嘗挾我頻登酒客危樓我亦招君屢過詩人舊社愁塡小令醉放長歌豈才士之新聞實狂奴之故態旣而綠波南浦君爲别客之吟紅雨東原我作懷人之句省識琵琶商婦經過則感喟爲多定知鸚鵡才人憑弔亦欷歔難已爾乃晴川歷歷不少逢迎雲樹茫茫更饒吟嘯踏歌潭上多情正迓汪倫心來贈紵庭邊莫逆早逢吳季鶴闕訪郎官之故迹濁酒同傾尋仙子之遺踪危磯共陟樂何如乎喜可知

也至於倦同飛鳥歸比閒雲循舊歷之山程泊去時之江路又復裁縑潑素束來麄比牛腰緝柳編蒲載去盈於鴨觜嗟乎白雲千里依依同憶來時返照一裾冉冉均旋故國而納新涼於處暑愧不如君且鎩健翮於中秋憐偏及我今者霜蹏蹀躞又去天南油壁葳蕤將臨薊北餤紅綾之餠味不是牙殘挹斑管之香風詎矜蘭貴則憶故人於此後大都勢隔雲泥而搜舊事於從前何弗情關車笠然而分我池塘之夢亦協壎篪時弟寬亦同行攄君星宿之羅定搖山嶽則此一編冰雪雖江深漢永未罄其奇而爲五色雲霞必玉戛金敲乃鳴其盛愚弟

松原吳亡撰

吳序

余丙申游揚州始得交棕亭先生時揚州物力殷饒先生以廣文一官開設壇坫號召名士問字之酒束修之羊賫用咸給每風月佳夕聯舫於紅橋白塔間擘鉢分牋互相角勝獨先生騁其速藻落筆如飛余驚躃追之不能及也及余還

朝先生亦補國子博士旣同官日下又衡宇相望常常見之顧長安居大不易米鹽瑣屑意興似稍減於曩時然招之以詩則諸事可廢雷霆精鋭盆集筆端見之者但覺灑灑千言不假思索及讀之又若句煅季鍊而始

得者故詩名尤振於京師既而先生以病謝歸垂老而貧僑居邗上余以假省還里順道過訪猶得一見先生每話舊游輒其太息後余來主講真州先生已厭人代往時吟侶亦都不可蹤蹟至於今又二十年矣令子臺駿始裒集遺稿付梓而來乞序於余嗚呼先生往矣回念訂交之初余方壯年意氣豪上只知朋友之聚處爲可樂乃十年之閒既親見先生之衰又哭先生之死自念身世惘然而悲恐亦冉冉近之矧又多歷年所精神頹敗齒髮日凋一旦得見故人之詩覺展讀未終已有不勝其愴惻者而謂能已於言哉先生詩舊有歸愚宗

文也然而滋自惡矣

乾隆己巳季冬新安學小弟吴寬拜手書

謝序

予以入都之明年春與同年吳舍人荀叔並寓於南城偏每自薇省散直尊酒論文輒歎荀叔之才無所不工而駢體則尤少陵所謂清新老成者也荀叔爲予言君故未見吾家姨兄金鍾越耳殆出入徐庾淩轢王楊近時陳髯專拾開府餘慧乃不足數予竊訝其言之過而未有以難也入夏而鍾越至急發其篋而觀之乃不啻如荀叔所稱者予方洛誦咄歎而鍾越蹙然謂是小技比來人詆之久矣予曰吁不足怪也昔子山擅名騷壇初至北方士多輕之及見枯樹賦乃知敬重易世以後

則又有仲淹目爲夸誕令狐斥以輕險況餘子哉造化之數必偶而成陰陽之理以兩而化聖人繫辭元亨利貞便爲對待之祖小技否耶鍾越固有感而爲是言其以予爲韓陵片石可知也維時鍾越又將偕荀叔南歸飲餞之頃聊書數言以誌心折葺雲春樹從可知已

乾隆壬申秋九月十四日鶴湖同學弟謝墉拜書

沈序

全椒滁州首邑也山有神山卧龍水有迷溝鄭湖唐韋左司爲刺史以詩化其邦人宋王元之歐陽永叔繼之故前人若張洎樂韶鳳楊于庭並以文章名

國朝吳編修默崖與名流唱和有聲於時其兄山人亦能詩隱居學仙王新城尚書和左司寄全椒道人詩贈之至今風雅不絕金子鍾越全椒名流也天才驚逸少歲即以韻語見長人謂生長名區若天使之爲詩人者其言固然然吾謂鍾越之成材天與人兼焉而不徒藉乎山川之鍾秀已也今年春來遊吳門以棕亭小草見

示余亟取而讀之其淩空飛動縱橫變滅如蛟龍之不
可捕捉此得之自天者也若其使事典切詞有根據而
一歸於劌心鉥肝艱苦誠壹以之戛戛而獨造此得之
於人者也中閒大半遊黃山作狀峰巒之奇峻肖雲物
之變幻詩與境副尤見得心應手之樂昔張詹事南華
詩才敏捷遊黃山一日成數十首後以見知
聖主洊歷卿貳鍾越少年領鄉薦方與討偕詩才不讓
南華他日成就豈出南華下哉雖然得之天者不待勉
也得之人者愈造愈深而愈見其無窮鍾越深不自滿
涵泳乎風騷選體以濬其源遍歷乎子史百家以老其

識旁及乎山經地志諸書以盡其變由是底乎詩學之成豈徒爲鄉國善士較短長於張樂諸人也耶山川亦倍爲生色已

乾隆乙亥秋日長洲沈德潛題於葑溪之歸愚齋時年八十有三

八十有三

[illegible]

合議各詞曰

[illegible]婦人也[illegible]

[illegible]

肆辨自江以北遊江以南與予訂交歲且一稔往反芳訊詩詞盈篋衍其所爲駢儷文尤卓卓可觀意氣駿爽文風清焉結言端直文骨成焉其他離衆絕致美難毛舉當世名卿鉅公知鍾越者吾不知其品定爲何如以予求諸風骨間則固已嘆爲仲宣之鷹揚孔璋之獨步也夫以鍾越窮博義類取精用宏使規橅於韓歐之文亦足升堂而覩奧而康熲喜用趙人樂毅獨懷燕路意指所向何可彊易乎昔丁敬禮以文示曹植植自以爲才不逮若人今予江南鄙介膚受末學不逮作者遠甚獨意指所嚮差不甚外宜鍾越引爲相知而欲爲定其

伯一序稱其天才駿逸尉薦甚至然宗伯論詩斷斷於
唐宋之界若豪髮不能假借者而先生與來如贈情往
若荅縱橫排宕又不可以派別繩之譬之雲上于天峰
巒疊興葩華蔣布而當無心出岫時固不知所爲之如
是也余不能謂宗伯之論詩爲必然獨於先生之詩似
能知其所以然然則其所以稱先生蓋正不啻奉教於
捉管疾書時而特惜余之亦已老也
嘉慶丁卯孟冬錢塘吳錫麒撰

題辭

駢體散體詩與詩餘與曲同工各不讓專家此兼人之才也而又以帖括餘力為之眼中見此等少年不過數人無不卽掇巍科為斯文搃持者君又其一矣書此以券

天門唐赤子記

鍾越負異才好學如命齒纔逾壯著述盈篋茲帙乃辛未一歲之作而王孟之超卓韓蘇之雄肆所在有之由此而進吾不能測其所到矣鍾越來漢上一日邀汪君陶村及余登大別山僧以畫松屬題未及三唾成七言長古一章浩瀚沈摯老氣橫秋余輩爲之傾倒李青蓮

賦清平三章亦在頃刻千古豔稱究較其平日閒暇所作去之甚遠以視鍾越今人何必不勝於前並記之以爲他年談柄癸酉五月十二日漢上同學彭湘懷跋

庚午春日得讀賜雲軒詩作爲買舟歸里紀游題詠以及興懷贈答返旌誌别登臨覽古諸篇什蓋其浸淫於漢魏涸汰乎三唐而自成一家何其温以麗窈而幽也先生天資敦敏詣力邃密於諸史名集靡不披覽以故發爲詩歌洗盡前人窠臼而獨標穎思當夫興會飈舉其盤礴如潮州佶屈如柳州其緜以邈者追陸希謝而直取材於騷經者深昔王貽上先生之評前人詩也則

曰耳食紛紛説開寶幾人眼見宋元詩合肥龔芝麓先生之序吳薗次先生詩也則曰名士之韻美人之情舉此以書贈雲軒詩後奚啻與前賢爲雅合云花朝日蘿山世愚弟何聲金跋於燈紅酒綠讀書房

寢食於漢魏六朝之中以吸其神髓升盛唐而降中晚所以調高格老骨秀神清大雅振興此乃其兆詩壇俎豆可爲豫信之於千載之前汪軔拜讀

昔昌黎序韋侯十二詩而歎曰令人棄百事而往與之游其相賞爲何如耶余與鍾越無謀面交後因見鍾越詩得交鍾越且時時往還鍾越爲人才氣壓羣輩出所

森張冥搜造化入閫奧陶鎔萬象分否臧但覺毫端百靈舉誰知呼吸通天閶篇終有時一吟嘯天地震驚鬼神夜哭波濤歘忽翻江河蛟龍騰踔搖山谷詩人之筆隱顯變幻乃如此豈與蛙吟蟬噪爭伸縮何人顏其風相趨入樊籠遂令風雅大道埋沒荆榛叢我欲鼓洪鈞煽大冶鑄萬石之金鏞登高一撞驚羣聾又欲高瀉黃河之水崐崘峯洗伐皮髓之疲苶浩浩元氣流心胷自顧才氣短老馬力盡日復晚吁嗟乎吁嗟萬鈞之任誰能挽金子奇才真出羣身騎鸞鳳翔風雲行將上界朝紫氣豐隆列缺紛來賓日吟昭華雲璈之玉琯手執金

枝翠羽之朱筆指點英奇導仙路擔當巨任將屬君嗚呼擔當巨任將屬君慎勿降心屈節希悅乎凡耳之聽聞

李菀嘯邨

何來三載夢中人辨難搜奇日與親茅塞頓開皆是路萬樓相望便爲鄰學成自足空時輩老至真慙步後塵把卷知君心共力細於髮也大於身

和嘯村韻　王文宝

本是旗亭畫壁人高懷偏與草萊親龍梭織字無凡響花骨貽芳若比鄰嗜好相投詩過日往來不礙雨如塵

庸才紙尾强書後直似留河一日露身

方求禮

瀝淨鉛華四帙詩澂胸吐不盡清奇縱橫實得青蓮妙
格律高趨杜甫師重握懸非薇露手細吟纔見錦心詞
盛時自有揚雄薦我老新忺識項斯

殷成柱

君詩如明珠走盤光熠熠又如古神劍犀鴻見之泣室
館月當門把玩夜起立雄筆心魂驚奇字雙眼澁霹靂
風雲生精氣相呼吸寶物豈私藏彤庭行貢入

讀吳中吟

江癸雲谿

題簡　省菴　賦雲軒

涼風撼庭樹落葉打窗紙把君詩過日清吟淡若水吳
中山水佳卷帙見料理一往情獨深三復不能已

釋　汎　葯根

大集披深夜高吟破寂寥苦辛追漢魏聲律上雲霄老
樹節偏勁春花色更嬌五侯鯖最美真味待君調
造化憑探取天生絕妙才幾番吟未倦一卷夜重開海
潤岸難窅山空鬼欲來箇中好消息與世費疑猜

陳大文

溢目盈珠璣識心早識面珍重贈雲編伊人宛可見
三郎 山水勝此去好題詩他日肯擕似相逢說項斯

吳省欽 白華

鍾越翩翩楚塞行無因尊酒慰平生新詩曾向衙齋見
更有何人識姓名

閔華 玉井

碧海波濤力掣鯨五言高格是金城論詩若準曹唐例
台占麒麟閣上名
校逺何如較馬遲此中甘苦倩誰知吾儕至竟教雙得
細膩風光始入詩

讀吳中吟

梁同書 山舟

五湖鰕菜一輕舟傳唱旗亭紀昔游撩我鄉思無賴甚

臨平山下蕅花秋用集中句

鮑之鍾雅堂

夢想蘇臺已十年羨君三月棹游船一燈暝色寒山寺寫入詩中倍惘然

雞陂草色鹿城山才子乘春任往還幾度放歌湖水淥洞庭七十二烟鬟

擘絮女兒歌已稀客舟歸夢滿前溪短蓬長笛桃花水吟過楓橋日又西

唱罷楊枝唱竹枝滄浪亭外雨如絲如何不弔眞孃墓怕惹青衫客淚滋

嚴長明冬友

牢落天涯秋復春吳根越角漫傷神贏來好句詩千首
如此江山豈負人

花草傳來有粹編前塵昨夢憶經年瀟瀟暮雨揚州夜
坐對殘釭一惘然

殷王制大醇

天涯地角久游行小句留題到處成不道才人詩律細
一編蘇使寸心傾

布颿三尺下三吳范蠡湖頭小泊無賸有數椽烟水際
祗愁花徑就荒蕪

王初桐竹所

回首江湖載酒遲六年鉛槧鬢絲絲破窗風雨長安夜
快讀先生數卷詩

滿江紅　吳志鴻

滿目關河甚處是才人棲泊但萍漂蓬轉屢增離索亦
日一鞭敲席帽青燈午夜搖遣幕笑奚囊貯得碎金多
誰能攫　簾影漾庭花落頻展誦添歡謔憶湖陰折柳
江干贈芍幾夕聯牀風雨共一朝分手雲山各料從今
西望聳吟肩人如削

題辭

鍾越五言清妙上薄錢劉如野寺全臨水山村半在雲沙岸江邊坼江流天際窮寒雲迷遠岸野日送孤舟如長城天塹堅不可攻梵唱迦音逈絕凡響不揣荒陋即用其京口作韻顛倒頸聯二字送還全椒覲省爲後人添一則佳話

春風忽相送判袂客愁紛斷岸帆眠水遥舟樹貼雲鄉思劇飛隼歸路易斜曛到日晨羞潔緘詩報我聞

堇浦杭世駿

題辭

金子椋亭兼長於詩與詞工詞者往往能令詩弱今獨出其賦手以挽詩教之波靡其才顧不大哉覽者勿徒疑其學步昌黎也觀其五言近體曷嘗不多沖淡之音不惟葦浦所取數言也椋亭富於春秋使竭其才力採沈公之論而從事焉將來所至何患不與開元大歷諸名公爭烈乎予知其必不欲世人許其詞居妙品而詩居能品矣青溪弟程廷祚識時戊寅冬杪客邗上

題辭

陳鑾 芝楣

露華茁玉蘂雲漿溢瓊汁醉翁風雅宗淵然古香溼脩綆汲深深寒泉洌得得速藻發天穎疾若風雨急壯采光虹螭威聲亂鵝鴨環滁多異才巖扉水簾冪螺皴佛髻青標舉霞城赤文既追韓蘇詩亦壓元白奚作天人裝絳衣而岸幘博士困退之高歌神鬼泣待成文孫名庶補乃祖缺苞鳳合引雛去鴻已如客何必杜樊川一官乃一集

陳繼昌 蓮史

著作芳年已等身成名雖晚樂彌眞心原苜蓿杯盤澹
語共蘭茗翡翠新山水六朝多勝概文章一代幾傳人
故家酉得巾箱業合有英才步後塵

題詞

道光戊戌仲春讀

年伯櫻亭先生遺集用集中句成七言截句六章用

誌欽仰

陽湖管適羣

春風歌吹綠楊城竹樹池臺盡有名天遣詩人尋好句
江邊載鶴一舟輕

槃敦詩壇自不磨半生書劍久蹉跎江花江草無終極
綺語翻從懺後多

聯吟放筆拓長箋槐市塵中老鄭虔但得深杯浮白墮

不曾辜負看花天
每聽當筵說項斯一官冷舍雪盈髭詩瓢酒盞隨身具
應憶桐陰夏課時
名山歸去臥仍游禪榻茶烟鬓未休贏得簫聲留杜牧
今花昔樹滿揚州
下筆眞堪邁等倫吟窩安樂貯閒身歐蘇雅韻千秋在
去後何從覓替人

全椒屬滁州有神山臥龍迷溝鄰湖唐宋韋左司歐陽
永叔官於斯土以文章相傳及於
國朝風雅不絕僕於乾隆嘉慶年間兩典試於江南一
視學於皖省椒邑文人輩出信乎人材本乎山水金鍾
越先生全椒名流也僕初入詞垣即耳食先生之詩名
而未識其面忽忽于今幾五十餘年自道光四年引退
僦居南昌獲與文孫璞生晤處始得椽亭詩文遺稾讀
之天才驚逸縱橫變滅豈非得自山川之靈秀耶而其
使事典切詞有根據固非好學深思必知其意者難爲

淺見寡聞道也先生晚年成進士官止廣文未能展其底蘊享一世之文名流千載之著作固不偉歟時人題其籤曰國子先生全集俾後之學者宗之爲大司成也可

道光戊戌仲春大庾九十三歲叟戴均元跋

跋

自來京洛風塵之地未許人閒維揚花月之場不宜官冷加以名途蹇塞宦況迍邅誰能索句以閉門尚欲著書而仰屋然而鉛紅槧白結習難忘酒癖詩狂豪情未減陶彭澤栽花蒔柳便可辭官鄭廣文抹月批風居然好客全椒勝地代有才人如國子先生者繡虎髫齡騎羊弱歲文抉宛委嫏嬛之秘賦爭上林羽獵之奇固宜蚤徙鵬池先登鴈塔矣而乃班超晚貴梁固遲榮餅啖牙殘花簪鬢禿憶十載行吟京國烏常三匝以無依而一官遠到揚州月更二分而無賴於是放懷山水適志

煙霞拓山雲海水以暘文機擷秋草春花而供吟料而且情耽延攬性樂追陪少薑社之一十八賢增蘭亭之四十二客闢左之名流碩彥盡趨楊震堂前蜀西之韻士詞人同赴李膺門下磅礴分題之地翠館紅亭纏綿闋曲之天楝風梅雨在曩日松陵倡和傳鈔久徧人間宜今時槐屋箕裘剞劂永公海內也嗟乎文人落魄祗合清吟名士收場大都薄宦一編宛在信乎公有傳人千載知音得不共推作者錢唐許乃普跋

跋

鴻儒偃蹇今昔同傷晩翠婆娑香光必遠良謂息機退聽不比馳驅京國之年閉戶自娛卽同教授河汾之事數似奇而文則茂曹雖散而志則行此畸士所汲汲於修名閱世猶津津於撫卷也國子先生毓自環山之區得有雕龍之管童年授簡目一過而不忘壯歲操觚手八乂而立就李泌四言賦來燕許且爲改顔劉郎一味探珠元白亦皆壓倒然而科第遲人文章憎命納五車於輦下莫問孝廉之船破萬卷於牕前始覯芙蓉之鏡韓吏部頭童齒豁纔注學官鄭廣文夜雨春燈惟供野

客當夫淸曹外補纏腰之貫無多遂爾熱做冷官賣字之錢足用迹其芳躅固曰解嘲嗟呼金帶圍開大老紛紛觴詠玉鈎斜畔遊人處處流連剜抒莫竭之情本具不疲之樂其望古遙集何難揖杜招歐其得意疾書儘看催雲跳雨蓋擊缽傳觥之候直如大俠揮金而養花飼鶴之餘還爲故人舉火爲問邊生腹笥曹氏書倉有如是之取給自由喫著不盡也歟夫篇什具存流風斯在過蕪城之講室尙留絲竹遺音訪鄴上之故居不少京都剩稿且今日乞題之雛鳳卽當年著滕之諸龍是則少陵之子亦有妙才眉山之兒無慚力學詩不窮人

文能昌後矣長白觀瑞跋

跋

國子先生於城大母爲兄弟行城女弟又爲　先生仲孫婦城生也晚不獲親奉杖屨而幸得侍介臣徵君丈游時出家藏尺幀片楮見示想見文采風流每以未覩全集爲憾城以貧故不得居里閈徵君丈又遽即世妹夫璞生亦遠客江右不相見者七閱歲丙申三月爲武林之游沿棹而西訪璞生於章門客舍久别忽聚樂極平生間出　先生遺稿皆徵君丈手錄本詩十八卷徵君丈丁卯刻於揚州版旋燬璞生又重鋟之兹將補刊古文駢體及詞凡二十五卷屬城爲董其役謹受而讀

之茫然莫測其涯涘時而駭時而疑時而可悲可喜時而拍案叫絕嚼大白無算其感人也如此而終不能贊一詞且諸先達鉅公各有論定亦無俟管窺蠡測爲也先生以氣誼才藻震海內每對客揮毫纚纚數萬言咳唾立就生平作文多不屬稿今之所存皆徵君丈搜輯裒錄然已不逮十之二三矣上世以風節著者具載前史溯自 廣文公以品學風雅著江左遺有泰然齋集 廣文公生 國子先生 先生生个臣徵君丈醇懿粹雅於小學尤精嘉慶道光初元
詔舉孝廉方正堅辭不就遺有篠村詩鈔徵君子二長

璡十齡即以才名噪江淮間惜名諸生而以奇疾早逝次珉城妹夫也有用世才而倘浮游諸生中熟春秋左氏學文法大蘇著有金石樓詩詞稿長甥疇弱冠能詩次甥醍甫成童間爲韻語不受束縛於畦町之中兩子他日所就不可知然固已能承詩教矣全椒蕞爾區即通都大邑巨閥世家能五世以風雅相沿襲者指不數屈亦云盛與抑城更有感焉鄉先輩以文藻震耀一時與先生相後先者餘沫未遠乃求其遺集已邈不可得而國子先生集徵君文刻之於前璞生繼其志於後遂裒然成巨帙以快當世爭覩之耳目豈亦有數存乎

其間耶噫抱先人遺編而不能出以壽世城亦無辭其自愧於徵君丈泉璞生爲何如哉董役告竣爰覼縷述之附名不朽抑又生平之至幸也夫表姪孫王城敬跋

國子先生全集總目

古文鈔

九卷古文十五首 記疏跋

十卷古文十五首 跋文

都十卷古文一百二十七首

國子先生全集總目

駢體文鈔

都八卷文九十九首

七卷文祭文六首

六卷書疏文八首

五卷跋記十一首

四卷啟七首

三卷序十二首

二卷序十三首

一卷賦九首

總目文鈔

國子先生全集總目

國子先生全集總目

詩鈔

九卷古今體詩七十六首
十卷古今體詩七十五首
十一卷古今體詩五十三首
十二卷古今體詩八十八首
十三卷古今體詩六十七首
十四卷古今體詩七十二首
十五卷古今體詩九十六首
十六卷古今體詩六十七首
十七卷古今體詩九十八首
十八卷古今體詩八十九首

都十八卷詩一千三百二十二首

國子先生全集總目

詞鈔

皖城倒扒獅
左集文堂刊

道光丙申年刊

楑亭古文鈔

贈雲軒藏板

韻雲軒藏板

校亮古文全

道光丙申年刊

椶亭古文鈔卷之一

全椒　金兆燕　鍾越

滁州水患議

滁之郡多山少水林麓迴環峯巒列峙所謂水者不過山澗小溪非有江漢汝淮之險濟河漳渭之深也故自古及今大抵多旱患而鮮水患按水經滁水出浚遒縣而州志圖則發源皇甫山穿城西而東由伏家灣烏衣鎮至三汊河與全椒水合流出六合二套口之江韋左司所詠滁州西澗即西門外入城之水也名之曰澗其非深且廣者可知矣安得橫溢而爲患哉數年來屢苦

水患者蓋因河身淤塞故每至山水暴漲下流壅滯遂旁溢而爲圩田害耳仝椒自三汊河以上每見水涸之時土人即於河中築壩凡舟楫往來壩主必重索其利而後開壩以行彼小人第知營一朝之利而不知水涸則亘土於河中水至則衝平而塡於河底日復一日焉有不淤塞而壅滯者水之爲患大約以此欲除其患莫若濬河之下流而深之下流深則其去速而不至閼於上而不行今觀仝椒之陳家淺六合之爛泥灘數處深不及脛舟楫過之必膠其淺如是水之至也安得不障礙而泛濫乎誠於其淺處深之淤塞處淸之水性就下

雖有暴漲不數日而可安瀾也而議者多持開河之說或云金陳港或云孟子嘴或云張家堡其說不一而總之皆不可行金陳港孟子嘴當河之上流拒江之衝其不可開最易明者卽張家堡舊有河影數年前曾鳩其功不知自張家堡出六合之江尚數百里也其路最遙其去宜緩而水涸時尚憂竭澤若自張家堡出浦口之江纔數十里耳水雖盛不一洩而無餘乎爲此說者祇計水患而未計旱患者也且卽其說而水患亦未可除蓋水之發也多値夏秋之交正江潮最盛之時江潮逆流而上山水順流而下兩相薄而其勢猖獗則其患必

有百倍於昔者是欲去水患不反以益水患乎周禮曰逆地泐謂之不行水屬不理孫謂之不行開河者所謂逆地泐而不理孫者也則曷若濬舊河之行其所無事也至若既濬之後卽宜禁人築垻或置閘以啟閉之自可永無水患且無旱患揆之理勢似乎可行故敢陳管見如是語曰朝長而夕涸曰滁夫朝長而夕涸則方苦畱水之無術矣奈之何汲汲焉驅水而去之也哉

茶仙亭考

滁之勝曰醉翁亭豐樂亭皆以廬陵二記得傳厥後曾南豐作茶仙亭記亦與廬陵媲美然則記以亭傳耶亦

亭以記傳耳顧今之瑯琊山無所謂茶仙亭者訪之寺僧云建於宋紹聖中圮廢已久噫何醉翁豐樂亭與記俱赫赫在人耳目獨茶仙有記而無亭耶且紹聖去今未久即令荒蕪榛莽當有遺址乃寺尚存而亭已廢設南豐當日不作此記今日無復知有茶仙亭矣夫啜茶幽人韻事也時當春夏勝友招邀尋花藉草翻陸羽之經擘盧仝之盌清風颼颼拔拂襟袖間想僊靈自然可通而一觴一詠之餘亦不可少此佳趣不然山肴野蔌盡成腥羶泉香酒洌徒供酩酊其何以解醉翁之醒而又何以盡豐樂之景耶南豐有知應亦憾斯亭之不復

也滁固多好古君子倘起而重葺之詎非善繼南豐之志者哉而其人亦可因以傳矣

夏時冠周月論

春秋者正名定分尊王討逆之書也而首以夏時冠周月是明示改朔之意而陰啟天下不臣之心乎千載麟經反爲亂臣賊子之口實豈聖人垂教之意乎歷觀諸家之議或據經傳或核時令而呂氏大圭熊氏朋來之說尤詳至朱子證以周禮孟子更爲精確然第辨周月之非冠以夏時而未及論夏時之不可以冠周月也記曰天無二日土無二王家無二主尊無二上今以夏周並

尊是二王矣春秋之例王人雖微必序諸侯之上重王
也以重王之故則雖微賤之臣公侯尚不得而冠之豈
王之上而反可以已滅之朝久革之令冠之夏時冠周
月是時冠月乎直夏冠周矣以夏冠周則周爲夏屈所
謂從周之意安在以本朝之上而有可以冠之者是君
父之前而可以陵之也何以示天下何以教萬世公羊
傳曰春者何歲之始也詩毛傳云一之日十之餘周正
月也疏云猶一月之日也一者數之始旣以爲始得不
以爲春乎王者以爲春百姓得不以爲春乎百姓以爲
春史官得不以爲春乎史官以爲春夫子因魯史而得

不以爲春乎春秋者魯史記之本名也錯舉四時以爲名必先其首者夫子仍之爾使史本書冬夫子又焉得而改之哉且名亦有不可滯者四月無陰謂之陰月十月無陽謂之陽月周正非春而謂之春亦何不可天子命之斯羣下不得而易之矣陳寵傳曰冬至之節陽氣始萌天以爲正周以爲春而熊氏亦曰陽生於子卽爲春陰生於午卽爲秋是周正可春確有至理卽秦正建亥斷不可春使夫子生於秦時亦未敢以夏時冠秦月也當時列國用時亦各不同如杞用夏正宋用殷正晉亦用夏正然第行之一國不敢號召於天下況著書以

垂萬世乎漢之治春秋而爲大儒者無過於董仲舒而春秋繁露第云春正月者承天地之所爲也繼天之所爲而終之也而亦無夏時周月之意足以見此說之不可通矣文定蓋泥於行夏之時一語而爲此膠柱鼓瑟之說以曲解聖經諸家第博考時月以爲飛鉆涅⿰食音之術而不知此說一誤則何以尊王何以討逆何以正名而定分一展卷而即與春秋之旨相背非細故也豈區區時月之失考而已乎

張承庵先生傳

先生諱世駿字鴻緒亦號承庵故大學士文和公之長

孫鎮安府知府鑑亭公之子也家世詳陳文懿公所撰文和公神道碑內先生少孤文和公尤篤愛之當文和公持節鉞莅滇南時先生甫髫丱與諸叔父共讀書官署晝夜不懈是時苗疆初定滇南稱樂國犀珠金玉爲奕於達官大吏之側而文和公守澹泊若儒素未嘗以豐貂褥錦飾其家見先生性質實無奢綺態對人若不能言而內鑒明了文和公既入相先生隨歸京師里第以運判起家試用兩淮揚俗侈靡先生之來揚也羣以爲相國之孫久居督撫之署今來作熱官熏灼必倍且年少自不免紈袴習而先生擔一囊挈二老僕僦數椽

之舍以居見人則退然吶然如見嚴父兄不妄發一語揚之人初疑之繼駭之或有非笑之者今二十年如一日始人人愛而敬之也居揚數年以憂去後十年復來揚時先生季父東皋司馬與同官先生年長於季父而季父之母郭太宜人猶在堂亦就養於眞州監掣之署先生歲時家慶肅拜唯謹事季父不敢有一言忤同僚共集羣議各持是非詢及先生先生但曰吾叔云何吾遵吾叔命耳試用淹歲尚未得實官食俸而恬然夷然或委以承乏則欣然就之必力其事或代者至復怡然授之無少戀靳嘗謂人曰吾欲學阮長之以芒種前一

曰去耳性無他嗜好亦不喜見賓客惟日飲酒讀書奴子持公服傳呼輿人白將謁上官則踟躕逡巡顧左右曰爾姑緩我持身謹約居家儉⿰齒束而賙卹族黨憐拯義故雖傾罄不吝既管泰壩掣務益以廉慎自厲曰吾宰相孫倘簠簋不飭隳家聲矣乾隆三十九年七月十七日卒於泰壩官廨年四十二子三人

金兆燕曰班氏敍漢事於江充息夫躬險詖浮薄之後繼以萬石周張其教人崇厚務本之意至深遠矣承庵少而席豐終其身守之以約不亦難與語云根之深者其實遂膏之沃者其光遠吾於承庵而知文和公之單

厚孔固也

朱郎圃先生傳

先生姓朱氏名士鉦字式如號郎圃其先居江浦後遷全椒曾祖玄憲順治辛卯舉人直隸完縣知縣祖大來父程皆有聲庠序間後以先生貴

贈封如其官先生父少孤贅里中陶進士家陶公宦沔陽先生生於官署陶公抱置膝上曰形家謂吾族當有名外孫此其是矣性至孝童丱時讀書外家家南郊而外家居東郭每晨隨父後由山麓渡河入書塾山谿間有竹樹數畝爲邑人楊氏園嘗與父同憩園外父謂之

曰吾最樂此地兒亦知愛之乎先生曰兒他時當購此以奉大人父笑而異之舅氏亦謂其有異才許字以女後舅氏早亡外家亦中落先生母攜其姪歸待年於家先生弱冠多才詩古文皆卓然有法入鄉學即以副榜貢成均雍正丙午膺鄉薦爲多士魁由是譽漸高東諸侯爭欲延致門下先生以侍養故勿許也癸丑成進士觀政兵部是時

世宗憲皇帝詔徵天下博學鴻詞之士海內操觚翰者輻輳都下公卿欲以先生之名入薦牘先生曰吾奉

天子之命觀政於此蓋將以民有司望我也敢薄親民

之官爲不足爲而欲獵取清要乎固辭不應後數年謁
選得廣西貴縣知縣粵地多貧瘠而貴獨殷庶書下人
皆相慶以富可立致先生曰吾得薄祿以養親足矣小
子初入仕版奈何不以居官牧民之道告爾爲是云云
乎乃親奉兩尊人涉江踰嶺抵治所太孺人於官舫中
指示荆楚風景每談幼時隨任往事及諸兄姊之言以
爲樂太公曰憶吾因貧爲贅壻與汝母攜汝隨外祖自
潟歸家時忽忽已四十年豈料吾兩人復與汝至此吾
今日無他願惟願汝做好官數年不罹罪謗仍送我兩
老人生過此地歸死於家斯已耳先生頓首於舟中曰

敢不如命將入境食於逆旅太公與太孺人坐南向先生捧卮匜侍立觀者曰官老矣倘宦爲太公曰吾非官官者我此子也衆皆訝而敬之太孺人性慈厚每聞受杖聲輒斂箸不食嘗讞囚已有左驗掠之猶不肯承先生泣謂之曰吾知汝情實汝何苦茹刑吾母爲汝不食三日矣囚曰有是乎獄乃定邑中有訟其子者至於庭其子稽顙牽父裾歸曰吾不忍以不孝爲孝子咎也遂痛自悔責終其身無忤焉貴邑爲苗獞雜處之地頑獷剽悍以格鬭爲俗人不知書先生一日奉太公游於郊見羣兒角觝戲太公曰諸小兒不皆蠢蠢者江南郵塾

中亦不過是是在教之而已先生乃輟俸爲講肄資之讀書於是貴人皆知向學其他除陋規嚴保甲修橋梁諸善政靡不具舉數年大吏將以上考遷其官先生曰吾敢忘吾父舟中之言乎乃陳情乞歸養歸則出橐中金買楊氏園並近郭田數畝以供甘旨日奉兩尊人乘筍輿觀於園圃中益種竹名之曰筠畮鄉人羣稱爲先孝子園云終養後年未滿六十有勸之復出者先生曰嚮者同親之官今忍獨去乎遂終其身不再仕年七十卒於家子易準早慧工文辭有識量

金兆燕曰先府君與先生有連先生之母兆燕之母之

姑兆燕之母先生之妻之從姊也兆燕幼時至先生家見太孺人姑婦相對縫紉於窗下鬏髻上鍼縷毿毿然滿壁揭感應篇陰隲文及觀音大士咒殆遍爲善無不報其信也夫

沈溶溪先生傳

溶谿先生姓沈氏名景瀾字尙賓長洲人也高祖應明前明進士官武選司郎中曾祖世奕官洗馬祖旭初官編修皆於

本朝以進士起家父曾同以薦舉爲廣東東莞知縣討最遷番禺先生其長子也少穎悟總角應童子試輒冠

其曹爲諸生時即喜論時政得失每舉漢唐已事爲符證常如其言雍正壬子應順天鄉試族弟慰祖爲同考官遂以迴避卷中式癸丑成進士改庶吉士丙辰散館授編脩當是時

今上初御極選詞臣課　諸王學先生奉

詔入　怡邸一日　王問諸客曰河間獻王有雅材何謂也先生以大雅之材三十一小雅之材七十四對

王歎其洽益重之居翰林八年擢湖廣道監察御史先生曰言官朝廷耳目也可終日閉戶作老經師乎遂謝

怡邸出遇事廉察侃直論奏不少阿會有獄未決

上命廷議之先生與法司議不合法司曰當入先生曰當出兩持不相下或曰請竝上之以聽聖裁可乎疏既入上特可先生奏罷羣議衆皆服不敢言然先生宅衷寬持論平每有召對必曲體人情以爲言不肯爲矯激之說備荒漕弊二疏萬餘言皆切中時務讀者至比爲漢之賈誼唐之陸贄云先生愼交游節酬應宦京師二十年往來客僅數十人僦盧南城委巷中驢一頭車一兩帷幰皆敝裂人不知爲御史宅也甲子丁卯兩爲順天同考官所得

皆知名士然無一舊相識者請急家居日與少時義故

游讌或曰以君之貴當有以自重先生曰吾在官則

天子之臺諫也在家則諸父兄之子弟耳吾不與儕輩

伍將挾包苴持竿牘與地方之大吏交乎乾隆十六年

春

上南巡至蘇州先生隨番禺公後迎

鑾道左父子俱被

恩賚一時榮之

皇太后萬壽先生入都祝延遂留補廣東道御史署巡

城事久之番禺公疾復乞歸侍湯藥不眠不澣者四閱

月蟣蝨緣衣領出無倚容番禺公歿先生年已五十有五骨立柴毀終日作嬰兒號遂得瘵既葬除服病愈劇逾年亦卒子六人之楝猶龍文炳玉田燕喜繼高皆能文有聲玉田早卒

金兆燕曰古之以治術顯者其始多以文章進文章者其既弁之髦已陳之芻狗哉沈氏多文人而先生獨以風采經濟著焦明之翮固不藉於腹毳也已

汀州司馬吳君二甥傳

余與二甥及其伯兄松原交結二十餘年中間離合不常難屈指數二甥之官汀州過揚州與余飲盡醉

而別未半年松原書來曰二匏已死請子爲傳嗚呼曩者與二匏舉觴劇談時安知不數月卽爲之作傳哉乃追憶生平綜其大略以寄松原其亦以增松原之悲也

二匏吳君諱寬字徵芍因與前明匏庵先生同姓名故自號二匏吳氏爲新安望族二匏家歙之西鄉路口世以文學著稱父早歿祖蕙邨先生愛之尤篤八九歲時與伯兄松原共讀書卽私相唱和蕙邨先生或見之曰此吾家中林蘭蕙也二匏性警慧邨程太宜人自稱未亡人後慘戚勞瘁無一日歡二匏方童丱卽曲體親心

恂恂若處子針線筐篋之物一一皆識其處太宜人有所索即持以獻太宜人嘗戲謂之曰吾有此得力閨媛尙肯令其遠嫁哉後與松原先後入庠序著文行名歙人目之爲路口二吳蓋以此道助附予也乾隆辛未車駕南巡安徽學使雙公遴入府五州風雅之士將以獻賦

行在先期麇集於姑孰使院一日課詩一日課賦一日詩賦並課嚴冬短晷筆凍指僵無不瑟縮歎咨而二吳生衣敝緼策蹇驢自新安風雪中捧檄而至一日成數十藝瓌偉奇麗舉坐皆驚雙公得之如獲異寶既獻賦

兄弟皆

召試入等

賞賚甚渥雙公喜甚即拔二㚟貢成均後視學至徽郡登黃山憩問政紫霞閣招鄭布衣來方文學儻與二吳生茶話竟日二吳即席成聯句一百韻紀其事歙人至今以爲美談丁丑春二㚟再

召試

賜舉人授中書舍人官十餘年秩滿遷汀州司馬卒遺孤三人初二㚟之得中書舍人也留其妻侍養攜一妾一子一老嫗一短童入京師僦居委巷中以一驢曳破

車朝夕入直內閣歸或不能舉火則亦甫貰不托與家人分食終不肯有所丐貸俄妾又生二子家累益重而二匏以思母得疾常中夜不能寐遠曙即入

朝迎觚棱曉光作小楷恭録

絲綸如是累年遂眚一目於是請急歸省又留其妾與子侍母側隻身再赴都供職是時

上方留意雅樂頒九宮大成於樂部　輔國公瑤華主人延二匏入　咸邸同校宮譜爲新樂府播之管絃一時有李嶠才子之目然二匏思母益甚每於笙歌鼎沸之時或向隅獨歎中夜即悲泣不自勝枕衾盡溼既得

汀州司馬即日束裝就道曰吾可以常侍吾母矣遄行南歸至家省母兄見妻子約到官三月後即遣信迎養移兄嫂妻妾子姪輩全家入閩爲聚首之樂既至閩到官視事僅半月而卒閩之仕者無不哀之生平樂易慈厚與人無忤官西清時以文望爲宰輔所重然持議不阿時好有不可者齗齗爭論既伸其說當軸者亦深韙之到汀郡接士民以誠雖莅官僅半月而卒後有聞之流涕者幼初學爲詩即能作長短句故生平尤愛倚聲二鮑卒後江東人遂無有能作綺語者

金兆燕曰二鮑官中書十餘年時以不得養母爲念既

得外任仍不獲盡一日之養二匏其不瞑矣哉古人以祿不逮養爲憾如二匏者抑更可憫矣世有居顯官擁厚貲而終其身未謀一日之養者其於二匏爲何如也

戴耕煙先生傳

耕煙先生者浙江仁和人萍居揚州謫遷遼東自稱耕煙老人遼人咸呼爲耕煙先生先生狀頎皙美鬚髯骯髒自喜於書無所不讀尤好兵家言父蒼明監軍道與海賊戰斷肋破腦不仆以勇聞先生年十二詠淮陰釣臺曰有能匡社稷無計退饑寒諸老宿皆賞之監軍獨不悅曰是詩讖也康熙十三年三藩逆命

仁皇帝命　康親王率師駐浙　王聞先生名禮聘之

爲　王陳天下大勢如指掌且曰三孽不足慮可計日

擒　王喜延之上座大兵剿閩賊僞將馬九玉屯九龍

山我師不得進衆方議戰守未決先生曰守固不可戰

亦非計誠得說九玉而降之卽用以導上策也　王卽

命先生往果如所言時僞總兵劉進忠兵最盛　王假

先生監軍道職招撫之先生單騎入賊營夾道列戟如

薺進忠方持劍啖人頭飲酒呼先生入比至足未定卽

厲聲曰汝畏否先生曰我來救汝汝當德我我何畏哉

進忠遽無以應曰壯士能飲乎命左右持巨瓢至先生

仰首擲其瓢於地曰賊衆旦夕且盡殲乃強我飲鬼酒進忠惶迫出位謝先生曰揮衆退吾與爾言進忠屏左右延入室自酌獻先生與語未淹刻大呼曰言盡此進忠俯首揮涕曰諾諾即探懷中劄授之曰勉之勿忘今日進忠遂降韓大任以兵數萬來歸　王疑其詐使先生覘之先生謂大任曰爾禍至矣大任愕然先生曰君既投誠而擁衆自衛能使人無疑乎十步之間一夫可縛雖衆何益祇自取死耳大任曰然則奈何先生曰釋爾甲却爾衆隻身歸命　王必憐汝是轉禍爲福也大任曰吾固欲持兩端因便取事今知之不可爲矣遂竝

馬詣軍門其餘冦江機樧一豹葛如篚皆以次傳檄定

大軍之討鄭國信也造戰艦需十三丈桅不可得閩督遣先生入山求木過期牙門將持軍帖至曰取首繳衆皆大驚不知所爲先生乃謂使者曰我首可爲木耶軍令不得不然耳於是日夜製機器運木下見督曰木至矣恐廢事故戴首見將軍督笑曰軍令不得不然耳初督與先生有郤欲以是中先生及聞木至乃大喜稱其才厚勞餽之十五年以父喪歸未免 王趣令赴軍時臺灣尚未平製衝天砲以獻會班師遂隨 王入京師見

上試春日早朝詩授翰林院侍講偕高士奇直南書房旋移直養心殿紅毛國獻蟠腸鳥鎗

上謂其使曰是中國所有也命先生倣造之以十鎗賚其使歸

上謂先生曰法瑯器中國所無汝能思得其理乎奉

詔五日成以進西洋南懷仁謂衝天砲惟其國造之一年不成

上命先生造八日成

上大悅率羣臣親試之即封砲爲威遠將軍鐫治法官名以示不朽衝天砲子在母腹母送子去從天而下片

片碎裂銳不可當後征噶爾鄲以三砲墮其營遂大捷在南書房時與西洋徐日昇纂律呂議不合及砲成懷仁慚且憤交謀傾之侍衛趙某有寵悍恣廷呼先生名先生叱之某愬於內

上曰爾當師之某受

詔來謁師北面頓首面項盡赤不言而退張獻忠養子之子陳宏勳投誠爲部郎性狡鷙一日召先生飲出家僮百餘持白梃舞庭下舞止雁行立彥翼容前宏勳持椀酒跪曰吾將有所丐許我釂此不許死梃下先生曰爾何事宏勳曰我欲金三千先生笑叱之曰賊是區區

者安用此猙獰爲舉椀一飲盡宏勳曰券之先生笑曰賊賊遂書券去宏勳來取金得金而不歸券索無已先生之子京憲曰是谿壑安可塡拔劍擊之誤中几宏勳怒揮健僕數十人入室恣掠先生訟宏勳以刼而宏勳誣先生以逋當是時噶爾䏣方捷將議封趙某與西洋人乘間力搆之

上不忍寘於法

詔徙關東籍瀋陽先生至瀋陽鬻書畫賣文自給常冬夜擁敗絮臥冷炕凌晨踏堅冰入山拾榛子以療饑年七十八卒先生性孝友好施尋年四歲撫其父所斷肋

曰恨見不生是時以殺賊毋周淑人嚴下嘗掌批先生先生捧毋手急索杖後遂私寘杖遍諸處毋怒郎自奉杖受撻終身不衰奔父喪淚灑地盡血左目遂盲少與弟行逢猘犬以身衛弟傷左股歸而不言父命持金有所鬻道逢賣女者持其女哭卽以金與之婚夕大寒雨雪謂新婦曰吾將以若奩拯凍人婦曰諾遂括釵珥諸器服一夕遍施盡新婦曳布裳椎髻廟見富商聞之爭相効活數千人幼劬書得瘵有善療者曰用艾四十九壯可愈也然奇痛須縛之先生曰丈夫死不受縛痛何傷炙背七處五臟沸聲如瓶笙煙裊裊自口鼻出終炙

屹立不爲動病遂瘥先生抱經世大略凡象緯勾股戰陣河渠之學靡不究悉總河俞成龍得其治河十策至今多用之詩雄勁書盡諸家所長書兼董米子四長京茨亮武舉次亨進士歷官齊河知縣敦行能詩工草書與李鍇陳景元齊名號遼東三老次高郡諸生早卒高子秉瑛進士歷官內外皆有聲初監軍有難周淑人奉其姑避於梓潼廟夢神以兒授之姑婦同所夢遂生先生故名先生曰梓字文開云

金兆燕曰三藩之變東南洶洶

仁皇帝赫然一怒羣寇皆殲仁義之師豈有敵哉兆燕

賊不獲窺底籍悉
本朝掌故嘗往來浙東西欲攟拾舊聞而當年民獻尠
有存矣兹以所聞於先生之子亨者緝爲傳俟作史者
採焉亨純慤人也述其先必無讆語

道光歲次丙申孫　珽謹編次

曾孫　疇

醍校字

椶亭古文鈔卷之二

全椒　金兆燕　鍾越

吳硯農傳

乙未之歲嘉平小除吳君硯農擕紅梅一盆佐以樽酒夌門而入造膝而請曰子諾我爲生傳有日矣吾一生坎壈今年尤甚屈指生平知己惟大司馬胡公奉宸卿汪公揚州司馬高公滁州太守朱公而文字之交惟君與袁公簡齋蔣公苕生兩太史今胡汪高朱四公已爲異物袁蔣兩公又天各一方歲云暮矣執華子者君請滿引一觴速成此傳以遺子懷之鬱鬱也予乃對盆梅

引卮酒濡筆而爲之傳曰君名光國字廷曜一字硯農歙嵜歷落骯髒人也喜讀書能詩工篆隸楷法籍於歙僑於揚徧游燕晉楚蜀名山大川之區兩除雲南大理永昌司獄雅量高遠智局深厚海内鉅公皆以管葛之器相待曾祖鴻博節霞公以其兄祭酒鱗潭公之第三子爲嗣是爲青崖先生先生負奇才淡於世味日研覈秦漢古碑碣以爲樂綠書與鄭篁齋名梅莊吳氏科第仕宦震耀里閭而青崖先生獨隱居高尚時人謂爲牡丹叢裏一枝蘭蓋異之也青崖先生生西文先生爲名諸生以老西文先生生子三君其長也年十三而父沒

家益貧里人有汪公棣邨者善相士相君曰此眞寶器惜不耀其光耳然覗專神定壽者相也吾相吾亦壽而貧食我收我非此安託遂以女妻之汪公學山君之姑丈也亦奇君才委以禺筴之業數年致饒君事母孝未嘗頃刻離母沒始奉父命入京師以貲就職時金川不庭廷議西伐大京兆胡公輔經略傅公以行置君於幕府君與胡公言多秘計師至賊已降君所言皆未克用制府策公重君才欲聞之

上授以官君以老父在不願也即日辭去俄除大理司獄未抵任以父憂歸服除補永昌行有日矣往別汪公

敬亭初君之貧也敬亭以重幣招之經理鹺務兩人遂爲莫逆交至是敬亭病方劇執手語曰予病必不起而兒子性選懦非克家材也君竟棄而不顧耶君曰人生得一知已可以不恨是一臠者何足嘆哉君勿言吾辭官而佐宇周矣宇周者敬亭之子仁厚士也以父執待君君所謀無或抵牾宇周總理鹺務兩辦

南巡大差疊邀

聖眷者皆君匡贊之力也君生平不苟取於人而每樂濟人之急歸里葬親開土不吉而更無買山之資呼搶欲殉身氏憐之贈以地君潸然曰吾父生不妄受人之

財豈死而妄臥人之地耶磬橐中金春之乃窆之嘗歲暮雨雪已斷薪米而朱太守書至餉米二十斛乃謂其內子曰是非貧兒暴富耶當思所以惠人者矣吾有童蒙師故已久遺妻窮且老必無炊也遂分米餽之司馬高公既沒遺孤曰文照字東井年少能文君以故人子愛之最篤每至揚必厚款之東井舉於鄉無力上公車君百計爲之助乃與計偕君之外舅老益貧子孫皆先卒惟兩曾孫尚幼不能養也君養之葬之無遺憾有弟二人友愛無間言子三人教之嚴且篤甫童丱卽慎選明師誨之揚州有李進士晴山先生者方嚴士也通諸經

工舉子業然人以其孤峻不敢延君獨具厚聘庀精膳請以爲家塾師今其伯仲兩嗣君皆有根柢之學而作文直追古大家云

蕪城外史曰余宦游揚州最久然磊落之友如硯農者蓋不數人也數年來茗生主安定講席簡齋時至揚州文酒之會座上無硯農不樂硯農其以我輩爲海鷗鳥乎今硯農之年纔逾六十視古鈞璜之客猶稚齒也他日盡抒其才以爲世用其行事必有聲竹帛不勝書者而余之言其亦藉以爲嚆矢也已

戴遂堂先生傳

邃堂先生姓戴氏名亨字通乾其先浙之仁和人父梓
具文武才佐
王師平閩有功入直
南書房賦詩稱
旨授翰林侍講
詔徙奉天邃爲奉天之承德人先生性質慤少失明年
十五復能覩物始讀書康熙癸巳舉於鄉辛丑成進士
授河間府教授河間府縣學舊有田數十頃爲彊佃所
隱先生請釐於上官同寮皆選懦不敢署名田既歸則
環而言曰願少分以潤窮官先生曰分以潤雖少私也

吾久均此田矣乃出祠中籍各授之獨以田之歸於已
學者資諸生膏火不以圭粒自私下縣人士皆以不得
忝府學爲恨歲饑太守煮粥爲賑命先生董其事自冬
迄春賑數月矣用不足將罷入見太守曰窮黎恃粥慶
更生再兩月方可食新若遽罷之仍死耳太守曰力竭
矣奈何先生曰某見公前日娶婦計新婦歸奩尚可備
兩月賑也守大喜從之居數年以父憂解職起補順天
府教授順天有夫死守節而以子貴受封者列狀請
旌吏議不當旌先生曰以夫貴受封理無改適不旌可
也若以子貴受封而不旌是以子之貴掩母之節也且

撫孤至成立而受封尤節婦所難得者不旌惡乎可大尹韙其言據以入告得旨允行著爲令秩滿擢齊河縣知縣齊河歲大饑旁縣承上官指多不報即有報者亦輕其狀賑薄殣死枕籍先生獨請穀數萬石上官雖重違其意心實恚之會有搆者遂被劾免既免官僑居京師授徒自給有一富人延爲童子師先生緼袍敝履據榻授經賓客皆王公貴人列坐以觀先生無忤色次日主人持裘服爲贈先生固卻之初女兄適閩中富民富氏故宦家中落不能自存先生奉母至齊河太夫人有憂色先生曰是必爲吾

姊也乃遣使盡遷其家以北給養之少弟高夫婦早喪遺孤秉瑛方數歲撫之如已子在官時一姪爾錫與先生之子廷璋同服食見者不能別命秉瑛讀書廷璋習騎射或曰君愛子不若愛弟之子也先生曰吾因材教之而已秉瑛成進士官儀徵昭文兩邑令迎先生來江南南方之學者爭交禮之於是先生與數詩人往還外其他客屏不與通或時攜一童扶一杖臨江登山路人以得識其面爲幸祖櫬攢浙百年未封先生行求而葬之訪昆族則皆盡矣有道士敝衣冠棲古廟廡下詢之則同高祖弟也執其手泣解所衣衣之同載歸雲南東

進士憲圖相識逆旅客京師貧甚先生時給周之其鄉人之顯者有所餽憲圖不受也既而病於僧舍先生舁至家躬爲煮藥死殯於家爲之服朋友之服有來弔者三日笑此尤近世所罕也先生狷介寡交游貴人欲一識其面不可得獨惓惓於貧賤交終身如一日論學尚實行黜空談治經不傍前人門戸時於漢宋諸儒外特創一解生平專攻詩雄深雅健諸體皆工與李鍇陳景元齊名有遼東三布衣之目善草書嗜飲醉後作書愈謹嚴有法晚好道家言自謂得尹真人性命雙修之訣曰吾一生所志皆不遂今學仙殆可遂乎乃自號曰遂

堂年七十客揚州病疟卒病中猶與楚人丁姓者談養生焉有慶芝堂詩集十二卷子二長廷璋武舉候補千總次廷璧

錢恕齋先生傳

先生諱元龍字學山恕齋其自號也錢氏自五代時武肅王顯貴子孫蕃衍至宋建炎間伯乙公占籍潤州逮前明成化時可新公始遷揚郡傳六世至琳蓉公以高年碩德恭逢
世宗憲皇帝御極覃霈受八品秩先生之考也琳蓉公生三子先生最少生九齡母某太夫人卒[illegible]殁[illegible]成人

十歲時隨父送祖柩歸葬澧州是時冬日晷短未至兆域數里叢薄中有虎突出舁櫬徒卒皆驚逸琳葬伏地上護柩哀號不知所措先生直前當之虎遂帖耳而去既弱冠讀書焦山山側有潮音洞洞中有一叟聞讀書聲卽往來竊聽後於先生將歸之夕叟忽叩門而入通款曲縱論古今及導引吐納之術謂先生曰吾居此數百年無有可授以道者觀子骨相非凡肯從我去乎先生曰吾方讀書養親作人世事何暇從汝爲也語訖而叟入石罅中不可復見琳葬歿先生已逾四十伯兄先卒先生與季弟經營生産作估客奔走江淮間不數年

獲貲甚鉅人或求心計之法先生曰貪賈三之廉賈五之我無貪故鮮失耳既饒於財深以自封為恥族鄉有賙鄰里有卹卜新塋修舊冢扁舟至杭求先世譜牒遺像自武肅以下分冊十二部裝潢完好以歸晚歲長子物故愛增亦殞悲悼之餘遂謝絕人事杜門不出日以著書課孫自娛所注有前明程允升幼學書蒙師皆用以課授更有史略種樹各書皆採輯廣博該見洽聞初先生未冠時有相之者曰此子不科第而享盛名不官職而受殊榮不攝養而躋耄耋後先生棄舉子業專意譔著幼學一書海內奉為圭臬

今上南巡

賜貂皮荷包藏香克食以儒林郎候選州同職銜

恩加頂帶二級鄉里榮之壯歲往來江湖持籌握算精力疲乏晚歲日事編摩每至夜分不寐而年至八十有二神明不衰然則潮音洞中之叟謂其骨相不凡而以十齡童子能却猛獸殆其所得於天者厚與予四人鼎鼐鼎鼎皆賢而才女一人適孝廉項夢魁項沒後厲志食貧苦節自守孫十四人承重者鼎長子之濬也曾孫四人

蕪城外史曰余嘗讀管子弟子職朱子小學諸書而歎

豫教之不可不早也論衡有云十五之子其猶絲也可不慎與恕齋先生軼事余得之同年友秦西巖觀察甚詳西巖其戚屬所傳必有據余獨愛幼學之注其有功於蒙養者至矣

汪君雪礓傳

雪礓汪君名大𡸣字中也本籍新安婺源世居嶰崌山下祖某遷揚州父舸以詩字名江左書法師黃涪翁尤工長短句嘗校鏇山谷全集亟山中白雲詞鐫之曰吾一生精力在此雪礓生而慧喜讀書少年即以風雅爲性命寓公之在揚州者如陳玉几厲樊榭江冷紅皆師

事之操觚不肯率爾詩社共集一吟一詠必細膩推敲與人尺牘一字不苟下年過三十家中落父客死漢上雪礓與其弟阪隱以菽水養母不肯丐貸於人後楚中故人以其父之喪至殯廣儲門外之聞角庵兄弟單席同臥草中絕粒不食者旬日嘗冬日無纊夏日無幬母子三人束腹相對而吟誦聲達戶外也性愛潔嗜獨且多病年至五十方娶四十之外貧不能自存每燈下爲人以百字鐫方寸玉至除夜檢古墨數十笏易薪米而鑒賞古書畫及銅玉器獨得秘訣經其品題聲價重十倍凡事工心計多智謀嘗謂人曰馬雖駿服於皁不能

馳也鷹雖悍繫於絲不能擊也吾嘗有用世之志今老矣聊以吾之術邑吾家可乎江君鶴亭聞其言異之遂交其人託爲心腹之友事無巨細皆委之五十之時有無化居所往輒利至六十遂擁貲作巨室以其本身資

秋請

誥命榮兩世

封其母爲太恭人熊太恭人年八十雪礓徧徵輦下好友祝嘏之辭而袁太史簡齋自白門郵其文以爲祝黃君稼堂將赴趙州任以其家貲付雪礓會計不數年倍息歸之黃君歿其子年少綜禺筴事事皆藉指南其待

朋友以至誠不以死生異視大率類此小玲瓏山館者馬徵君秋玉佩兮兄弟與陳厲諸君作詩地也雪礓幼即往來其間後購之以養母其楣楹題識不改舊觀曰先達之遺蹟小子灑掃是幸曷敢沒諸丁未秋日姑蘇友人錢景開至雪礓喜甚大洽具召客曰石湖西磧吾生平不能忘今將作數句塵外游攜長笛坐千人石看中秋月然後歸採菊花與諸君作重九也八月三日大笑出門去甫半月錢君即以其病來告又一日則曰雲礓死矣嗚呼慟哉

金兆燕曰雪礓居貧守約年將五十小有搆會不十年

而家道成何其暴也然充其幹局若在三國時不下周瑜黃蓋乃僅以陶朱之術技肥其家也斯眞陋矣

吳半崖傳

吳君半崖歙縣人也家住石橋童時矯矯自好歙之大族吳姓者半居溪南科甲相望而半崖以寒畯與之相埒父少時服賈在外半崖既成童謂其母曰父終年勞悴川塗爲謀生計而兒在家坐食非所以說親也男兒讀書不必求以進身兒將挾所能爲人籌畫生計他日得江山之助以展其才公孫卜式庶可冀也乃由浙至吳趨京口遂停櫂不渡鎭江有油棧其利甚豐半崖爲

之化居纖悉不苟數年而利市三倍十八歲歸里完娶未半年卽出於是往來於豫章沔漢之間積貨居奇於南北通州懋遷聲名洋溢燕齊之地半崖年甫弱冠而與人相交有老輩所不能及者二十六歲復入楚居漢口鎭漢口爲江沔通衢百貨麕集半崖持心計左右致贏必厚有所蓄始一歸里今經四十餘年矣一子甫象勺之年卽攜之作客曰是不可以荒於嬉也一日謂其子曰吾少年貧窶無負郭之田可以資生今之所以養我父母者皆我半生勤苦以斂之者也吾父與母年相若而兩老人至今尚未克安聚一室吾將速吾父歸爲

汝娶婦使汝繼吾之業而大振之吾母持家勤儉茹長齋喜布施吾總角時即以內典教我嘗誨我曰通儒書尤須諳佛理吾將以吾之家付於汝汝克孝祖父母不違色養吾將皈依釋氏以終矣其子懼其言之必行也乃徧請親族友朋極力沮之有友人善丹青者謂之曰子有斯志不必有斯事也與其爲宏袾曷如作龐藴乎於是寫其容衣袚尼之衣戴毘盧之帽一鉼一鉢位置几上半崖喜曰是眞我心也眞我相也嗣後吾子孫懸之影堂吾卽於淨土中託生蓮花下乎乃屬余爲之生傳以永之

金樓亭曰余少年亦好學佛逮晚歲讀華嚴而笑世之佞佛者妄也善財童子天寶在身五十三參始終不倦豈僅蹈襲半偈作口頭禪者所可及乎半崖勉之博施濟衆儒者猶以爲難而法瑷脱衣施貧不厭不倦然則姚少師作和尚不終見嗤於婦人其有以乎傳曰行矣不在多言

節母張孺人傳

孺人姓張氏浙江仁和人也父子元篤誠好善教子女以質實不苟笑言孺人幼習姆訓婉娩聽從讀班誡能通大義繡工箴黹冠其曹年十餘隨姑姊躬蠶事晝夜

不懈育蠶以豐二十二歸同里田君西成田氏系本青州後遷浙之上虞明時有隱君子曰田守素者西成之遠祖也愛西湖山水之勝徙居仁和四傳至西成之父賡南與其兄信皆相友愛遂以西成爲信皆後當是時信皆貧甚西成謀所以養其親者將棄書遠遊爲服賈計孺人曰吾舅姑以君爲似續將以昌其家今君舍所業而他圖則終其身無顯揚之日矣遂鬻簪珥躬紡績以奉甘旨俾西成壹志於學卒以高才生受知於學使者補博士弟子員爲一黌之儁未幾舅沒姑老家益貧而孺人色養不懈姑久病藥食者數年厠牏中帬皆孺

人躬自澣濯初西成居父喪以毀成疾遂日困憊竟以是不起西成於綿惙時執孺人手曰老母衰病四孤幼羸恐汝不堪此任也奈之何孺人曰吾斷不以一死殉君而棄君之母與孤於不顧君往矣生者之事我自爲之君勿復念後數月姑亦沒孺人仰天椎心幾死者再旁觀者皆酸鼻孺人曰吾今以婦代子附身附棺無使有悔也以母代父以養以教必使有成也於是執姑之喪必備禮而教四子皆成立飲冰茹蘖者三十餘年一日孺人之子墉跪膝下請於孺人曰吾母節孝古人所難今已逾三十年可以邀旌典流芳名矣孺人曰吾守

節之日年已三十有餘不合例也墉曰婦人之齒不外聞減數歲則可矣孺人曰惡是何言與吾生平無一事之欺無一言之誑今乃自誣其年以上欺
天子乎墉死弟遂不敢固請而日謀所以傳孺人者乾隆甲午秋墉與揚州教授金兆燕相遇於東臺述孺人之事而求爲之傳

金兆燕曰古人云死節易撫孤難孺人獨爲其難其志艮苦矣孺人之軼事鄉里長老皆能言之而卒以年歲不符不肯以上達
天聽其質實有過人者宜其四子皆賢且才而不爲末

俗浮薄之行所漸染也與

黃稼堂太守傳

稼堂先生諱凝字幼安姓黃氏浙江仁和人也系出江夏香公之後宋南渡時徙居臨安數傳至七世祖半郵公有隱德又數傳至祖憲懷公讀書食貧不求仕生三子長天三公次王有公第三子早沒天三公卒時大宗無後王有公僅甫得稼堂年九歲憲懷公謂王有公曰小宗繼大宗禮也遂以稼堂後天三公是時弟兄巳異居嗣母薛太恭人見稼堂王立不比常兒鍾愛之尤甚謂王有公曰未亡人以鍼黹供朝夕三遷之教力有不

能願仍依本生父督訓之壬有公曰吾不敢以其爲兒之子而異視之也遂以稼堂歸課程尤力壬有公惜近日士習專以帖括爲事而束經史於高閣及一旦膺民社遂若面牆蹶而僵誰之咎也於是稼堂初學操觚即縱之讀古人書凡一切兵農名法之學有關於經濟者靡不令之熟究潛玩而誦習之十歲時以事出錢唐門夜不能歸徘徊湖上乃入一大宅供具悉備飲饌甚歡忽有羣騶至交困之不可解正危殆中聞騶從聲傳呼迎江西知府羣騶皆退避已身入肩輿中豁然而醒則初陽臺下墟墓間也既長娶元配張恭人後卽客居常

州爲戚友營會計事俄張恭人沒家益貧僅攜錢不滿百徒步至揚州僦居古廟無以自存乃至淮安居湛眞寺寺僧聞谷善相人見之驚曰此非恆人也厚衣食之揄揚於當路富貴之家諸大吏及鹽筴之豪皆引爲上客稼堂客淮揚既久兼與大吏游兩郡中挾厚貲好心計者經稼堂指示利市三倍瓜洲朱氏有女擇偶不諧其家曰吾女相法當富貴不可以配窶人擇稼堂妻之婚之夕婢僕家具皆假貸既娶之後家漸豐友人之所共居廢者無不致贏而稼堂構大宅居揚州新城爲巨室歸杭省墓敦請王有公來就養壬有公戀西湖之勝

安土重遷謂稼堂曰汝但足我湖山游賞費使汝諸弟皆飽煖不以累余則我與親戚情話勝於客揚州錦繡鄉也稼堂性伉爽好賙急施藥施櫬無歲不爲置福緣庵後義冢五十九畝以掩露胔凡戚友之丐貸者靡不如意畀之又數年讀漢書甯成傳仕不至二千石賈不至千萬安可比人乎廢書而歎蹶然而起曰吾不名一錢赤身至揚州以有今日吾之所有不以急公將安用之且終日勞勤疲斵精神爲人謀錢刀子母之利孰若盡瘁國家展其所學庶畢生精力置之有用之地不致虛捐也乃遵川運新例入貲選授直隸趙州知州趙州

爲古邯鄲鉅鹿之地民俗勁獷轄五屬邑自理本州有專治有統率兼守令之責近接京都差務絡繹自昔以爲難治稼堂蒞數月興之裕如上官皆有新任如老吏之目然順理準情待百姓如骨肉其有下戶之猾爲於大豪者必置之極法故里端惡子匿跡銷聲召杜龔黃八人尸而祝之社而稷之也

鑾輿巡幸兩辦紅杏園衆春園

行宮陳設疊蒙

恩賚大憲皆以爲能委署順德府知府計典遂膺卓異

首薦引

見面奉
俞旨陞授江西撫州府知府上官日舟過淮揚繫纜入湛眞寺而聞谷巳寂淮揚故舊落落如晨星乃買田入之寺與諸相識酌酒盡歡而行由揚子江過天門入彭蠡至南昌諸大僚執手相慶謂叔度之來何暮也臨川居山水之中民醕訟簡稼堂視事數月鎭以淸靜飲以恬和曰此不可以鷹擊毛摯爲也吾將效汲長孺臥理之矣然稼堂素有能聲他郡積案未了者多使雜治之粥寮諸公駸駸虛座以待倏於三月初十日早起視事畢擎粥一甌咯血數升而卒子五人至慧朱恭人出至

鈞至廉至馥至瑞俱庶出

金兆燕曰余於甲戌乙亥之交往來淮揚即與稼堂相識見其氣度端雅議論卓犖悚然敬之後余作揚州學官而稼堂僦居舊城相隔不數武時相過從有疑事必以質兩家內人亦相視如姊妹昔周瑜與黃蓋升堂見妻不啻過也今余衰老綴旒仍鰥居作客而見朱恭人之壼而扶櫬以至揚也朱恭人以稼堂之傳屬於余余滋慟矣

王恭人傳

余讀漢書至翟方進傳未嘗不歎後母之愛何其篤也

若梓潼文季姜撫前後八子如一且爲其前子王博作麥寫書較之翟母之織屨養也而兼以教矣余欲裒輯近今後母之德以爲世勸聞揚城中有比部鄭君翼之繼配王恭人者恭人休陽望族自曾祖僑居於揚閱四世皆以孝友任恤著聲江淮間恭人生四月失怙繈褓中有相之者曰此女賢而貴但無年耳母張太安人曰吾欲其壽安望其貴年未笄授以孝經論語女誡諸書一過目輒能背誦人咸稱其異張太安人獨憂之曰吾聞王勃李賀曾不得三十慧故也男子且然況女子乎吾恐相者之言驗也比部元配謝恭人少司寇耒堂公

愛女也謝恭人卒子兆理纔三歲比部之父澂江封公臬母吳太恭人憐其失母之孫謂比部曰爲汝擇繼室大難稍不慎則祥覽之事其奈之何比聞王氏有女能孝其親敬其兄讀書知大義曰是可以母吾孫矣乃命比部委禽焉恭人歸時年二十一兆理一見恭人牵衣索笑不異所生恭人廟見後卽朝夕顧復時其燠寒飲食起居極纖悉之務必躬親檢視不以委之乳嫗謝恭人所遺簪珥衣襦或以爲忌恭人曰前恭人名公卿女鍾郝禮法皆吾師範蕭規曹隨又何忌焉且使膝下兒見之如其母在不尤愈耶兆理既就傅每從家塾歸恭

人必率之夕見於舅姑時與羣兒戲恭人必躡階隨之慮其仆也舅姑或勸之曰茲事婢僕能爲之汝何勩焉恭人曰知之然心終放不下耳比部督課兆理有不率笞撻之恭人力爲營護且曰折葼之教以慈濟嚴兒尚幼恐不堪也然於兆理不少姑息每夜篝燈令其習復且使預誦來日之課略上口然後命之休鋼童竈妾有媟辭猥語於其側者必痛訶之曰嘗以養正斯言豈可入其耳哉兆理從兄兆珏入庠序恭人謂兆理曰汝伯父爲名諸生賫志以沒今汝兄克自立繼其先勤學之效也汝家代有文人汝從父東亭公以名進士官刑曹

綦川公獻賦
行在受
聖天子特達之知入直徽省汝若及幼年拾青紫隨汝
父官京師俾祖父母膺兩世
封誥豈不益徵厚德之報承歡無窮小子勉之今年四月兆理十齡其生日與恭人同物賀者盈門恭人焚香拜於謝恭人木主前顧兆理酹卮酒曰吾生兩男一女皆不育今雖有身然所冀者此子成立耳吾姊其陰佑之並佑吾以終鞠此子也越半月生一女產後遘疾卒春秋二十有六所生女方浹辰兆理哭踊不絕哀毀如

成人人皆異其潁而孝而羣謂恭人愛育之誠摯有以
感之也

贊曰温温恭人懿德醇醇孝乎惟孝仁者安仁哺翼遺
鷇噓培義根黃壚不朽彤管常新

道光歲次丙申孫琨謹編次

曾孫醻
醍校字

棕亭古文鈔卷之三

全椒　金兆燕　鍾越

定郎小傳

徐郎定定字雙畦小名雙喜吳趨人也美姿容有雅韻五歲能歌六歲按笛八歲學簫鼓暗誦唐人絕句宋人小令數十首皆靡曉文義十五挾藝游揚州揚州沈君江門老於琴自號夢琴生無人能傳其指法徐郎欲學之江門曰欲學吾琴當先定爾神因更其名曰定定誨之琴自是人皆呼爲定郎云乾隆乙亥春余至姑蘇登虎邱過山塘見羣少年聯臂而嬉有曳淡碧衫者風致

嫣然數顧之流眄再三穿柳陰去丙子秋余客揚州友人程君竹垣以所作定定曲示余且曰此人雖歌者然有翰墨癖吾欲召之度曲以侑君觴君當投以詩勿靳也次夕招飲余以事牽獨後至至則酒將闌定郎已薄醉倚簫而歌聲纏緜如不勝情紅潮暈頰目睞睞與燭光相映曲終起覗余曰郎君若曾相識者何故余亦諦覗之曰此山塘柳陰下少年也詢之果然余狂喜曰自去春見汝後意忽忽如有所失自以爲落花飛絮定不再逢乃今得聚於此即席步竹垣韻作長歌貽之余染翰定郎歌臨川尋夢曲子曲未終而詩成擲筆拍其肩

曰今日尋著夢矣乃停曲讀余詩讀詩聲尤清圓可聽讀畢謂余曰郎君詩我雖不甚解然在吳中觀諸名士作詩未有如此速者郎君有異術乎旋以巨觥進曰乞更塡一詞以賜余時已大酣起步庭除滿簾月色如晝步三匝成長調一闋自是友朋文酒之讌無日無定郎吳君梅查將游棲霞集同人爲詩贈行吾宗錢塘冬心先生聞座上之有定郎也闖而入同人皆大快有一客不能詩而來獵酒酒半詆定郎定郎不能堪反脣客大怒橫詈揎袖座客皆愕眙主人引怒者去乃更酌定郎泣下沾襟取袖中便面摧燒之蓋日者此客之所贈也

侍君鷺川睨而戲之曰頃所逐惡客君明日當頂禮謝之不然安得見此梨花帶雨狀徐以羅巾拭面擱目而顧曰諸郎君亦知我儂爲可憐人乎余慨然曰此子亦人耳乃淪落如此余窮於世久矣舉世無知我者而定郎愛我獨摯我必有以傳定郎使定郎不朽者定郎其勿恨於是輾然大喜曰誠如是乎乃引滿以屬脫指上金彄以贈曰持此爲念郎君其毋忘今夕之言蓋是時定郎來揚州已數月矣雖聲譽籍甚而以不善負緣不能逢迎故尚無托足地僦居小巷中室僅容膝一榻一几階下秋花數種掩映簾箔衾幬整潔無點塵非甚相

愛不得入其室余寓居花園巷之祇園庵鄰家笙歌徹旦嘗與余坐月下聽隔牆歌聲遥爲按拍分刌不差閲案上昔人詩有謝郎衣三字問何典余以叙小志謝躭蘇紫薌事告之次夕歸著吾衫履去曰此謝郎衣也余居揚不匝月然無時離定郎或無他友則獨與余步出城圍亭蘭若隨意所往每夕陽將墜晚煙横樹秋風淒然輒對余侘傺斟愖不怡者良久詰之終不肯言一日謂余曰予不耐囂雜揚州不可久居如得爲郎君詩弟子常侍左右則出泥塗而升青雲矣郎君其有意乎余曰吾非不欲挈汝去但勢不能耳然吾豈忘汝者吾自

有挈汝之術乃遍集同社召畫者爲定郎寫眞定郎對畫者坐諸客環之時時擎小鏡自照畫者曰其形可似其神光離合不能似也畫既成指畫中人謂余曰吾命不如此人此人能隨郎君去吾不能不如一也吾轉眼憔悴而此人終身少年不如二也吾風塵追逐與潦到伶工相伴佷不能卻而此人枕葄於清辭麗句中與名詩人游天下名山水不如三也余曰彼亦有不如爾者曰何謂曰不如爾能吹簫度曲推襟送抱耳謂冬心先生先生捧其手曰向如此人加一怒字便俗矣蓋謂夫已氏也先生有所畫梅花大軸極自賞裝池嚴整富商

以數十金購之不可得定郎欲之而丐余爲之請先生曰此畫易孔方兄則俗贈徐兄則雅竟以贈且以畫扇題詩副焉程君鈞樹聞余爲定郎易眞也大治具召客觀定郎容定郎抱其容至曰諸郎君各題一詩當各獻一歌以報江君雲溪與鈞樹不相識招之欲勿赴余曰定郎在遂欣然往陳君竹町閔君玉井是日皆有他社會皆先成詩去薄暮玉井復至曰吾爲定郎火迫成社中詩來聽歌也鈞樹編菊爲屏規其心以爲牖定郎立牖中如彩霞之托明月是夕也燈影花光歌情酒態使人意消余飲最樂梅查招余浴焦君五斗與焉途遇定

郎給之同行婉轉推却不肯共浴余固泥之則曰浴罷郎有詩然後可余曰敢不如命五斗曰果爾吾沽酒市蟹以待洪丈棕亭年七十矣聞之趨而來亦同浴定郎解衣入浴羞澀閃避姿態横生梅查曰眞所謂三尺寒潭浸明玉矣浴畢肌膚暢悅兩輔如初日芙蓉見之者目不能瞬余以犀梳爲之理髮作五綹辮捧視之不自知其魂越心蕩也郎成詩四章酬之解纜之夕竹垣取酒以餞命之歌歌數聲而哽咽不能終曲余亦不復能舉觴口占小詩爲别竹垣和之命肩輿送余出城定郎坐余膝上垂簾耳語淚漬襟袖至舟中執手黯然而别

余開舲望東炬照定郎循河干入城去忽忽復憶山塘柳陰下曾見時也

棲亭子曰人之相與豈偶然哉交臂之過藏之於心乃成膠漆不亦奇與吾在都門見唱蓮像者及所謂白臉慣侍酒者皆俗惡不可近如定郎者眞天人矣玉井先生目之曰雅人深致冬心先生曰疑其胷中有數百卷書皆言其韻勝也嗚呼四海之內具眞賞者有幾人哉

汪母程太宜人傳

宜人姓程氏新安程君渭侯之女江君東樽之配也江與程皆僑居揚州業筴世爲婚姻程氏爲篁墩望族

擢甲科居顯要者後先相望渭侯秉其先人之訓習儉好禮門內秩如婚嫁有式宜人爲渭侯之第五女父母尤憐愛之三四歲時渭侯嘗置膝上詠左思嬌女詩撫其頂曰是女必能以才名爲吾家作曹豐生謝道韞者正恐聳才難得耳越數歲授以論語女誡諸書略觀即能闇誦其句紝紃組織能出新意紛帨鞶袠之繡見者詫爲鍼神醯醢煎和得調劑之妙有鼎娥膳粗所不能及者都蠶厮養皆驚譽之待左右侍女寬惠慈和無疾言厲色然終日端靜矜莊婢僕過其前者不敢有讙浪語於時東樽之尊人劬庵公棄世已久母許太宜人稱

未亡人持門戶訓子以嚴以故東樽雖生於富厚而居處不淫飲食不溽不與裾屐少年相往來渭俟曰劬庵以名諸生賁志無年其後必有興者其未亡人能教子如是其子能率教如是是可以歸吾女也許太宜人聞之曰吾久稔程氏之女之端慧克勤但吾家孤寡相依難以遣媒氏下達今聞程公之言吾之願也亦先夫之志也敢他求乎於是委禽以聘甫及笄即來歸焉時東樽亦尚在未冠而愨謹老成閨門之内不苟訾笑子婦雍容日侍堂前抑搔扶持毋躁毋怠許太宜人嘗謂宜人曰吾自有新婦遂覺氣體怡愉古人之所謂視無形

聽無聲者其新婦之謂矣俄許太宜人歿東樽與宜人哀毀骨立居喪備禮凡楄柎絞衾附身附棺之具必誠必信卒哭後猶居堊室中苫蒻不納專席而坐宜人不敢遣女奴問以家事東樽愛靜樂閒好金石之學蓄古法書名畫彝卣鼎鬲之屬甚夥掃除一室焚香瀹茗吟玩其間一切米鹽凌雜之務宜人皆細爲擘畫不以攖東樽心里中姻族以事至江淮者無虛日來有輭腳去有餽贐各滿其願無德色無倦容他如捐歉歲之租入修孔道之橋梁衣凍者以綿給死者以槥育嬰有堂施藥有局救生有船東樽種種厚德皆宜人有以助之也

東榑以州牧注選銓部

累恩加級

誥授奉直大夫宜人膺五花之

封服命婦之服席處豐腴而蚤起晏眠操作不懈中褻衵服躬自澣濯食不兼味衣無緣飾樸儉勤勞蓋其天性然也東榑大功兄弟六人皆相愛如同胞宜人善和妯娌門內無間言姻戚問遺婢僕往來茝蘭佩帨之贈篤摯周洽至老不衰生三子皆不祿一女教以閨訓適從姪志洛亦著賢聲無何東榑卒宜人呼天搶地慟不欲生水漿不入口者七日諸姻鄉尊親委曲寬譬以撫

孤大義相規勉乃強起曰死節易撫孤難必欲我爲其難者乎黐黏膠膸吾惟力是竭爾乃以兄公西平次子振鵾服衰爲嗣以蕆成事振鵾字溟高克家子也宜人視如已出溟高亦善體親心慈孝交著聞者羨之東榑綿惙之時謂宜人曰吾死無他憾但修宗譜未成以是爲不瞑耳宜人舉以告溟高溟高曰作室底法尚欲肯其堂構況宗譜之大乎小子之責焉敢不覆於是晝夜排纂力謀剞劂書既成宜人率溟高以魚菽之祭告成於東榑栗主之前欷歔含淚謂溟高曰汝父今日其瞑目於九原矣西平晚年歸老新安宜人諭溟高厚致甘

旨之奉逮西平卒問至滇高柴棘殊常然不敢號歸於
宜人之側宜人曰本生之親服降而恩不降詎得以我
故而不用汝之情乎吾何忌焉命之朝夕哭如禮東榑
與同堂弟穎長旭東室居相鄰東榑卒後穎長旭東每
逢朔望必走嫂氏所揖問起居宜人必命滇高綜家政
之要一一諮稟惟謹辛卯冬穎長卒淮南北衆商入京
師恭襄
皇太后萬壽慶典宜人謂穎長曰叔受
天子恩至深且重此行惟以恪勤將事鞍馬之勞冰霜
之苦所勿計也其明於大義如此卒年六十有四

誥封宜人子一人孫二人

蕪城外史曰余與穎長旭東結文字之契者有年每於詩社談讌之餘爲余道其嫂氏之內行甚悉今余爲揚州學官嘗欲裒集一郡之貞節軼事著廣陵淑女編以爲風化之助揚州雖古稱靡曼之地然五烈竝峙爲他邦之所無其閨門徽懿可以備管彤者必不乏也今觀宜人之事其姑相其夫教其子以有成也豈非巾幗中之大賢與是殆江淮清淑之氣所鍾而成者耶抑程江兩氏累德者深而仍秉黃山白嶽扶輿鬱積之厚耶昔程華仲先生著新安女行錄歙之婦女皆欲羼名其書

以爲榮若宜人者是可以錄矣

汪夫人傳

夫人姓唐氏歙人也自始祖昌大世居槐塘族茂業殷代著聞譽父孔綦公有幹局挾貲游吳下愛錫山惠泉之勝遂家焉夫人其幼女也性恪勤不苟訾笑年甫齔卽暗誦孝經女誡諸書針黹縫紉能自出新意爲鞶帨式汪君徽堂之母吳太夫人夫人之表姑母也兩家一居揚一居常舟楫往來問使不絶吳俗工蠶織嘗聞夫人育蠶幾箔織布幾端每覼縷問家衆曰揚之人能如是乎安得唐家婦女來揚州作婦則江北之俗化於勤

矣俄黻堂元配歿卽遣媒氏下達聘夫人爲繼妻夫人之歸於汪也年甫踰笄時吳太夫人已稱未亡人多疢恙而家政紛賾一稟指撝夫人廟見後先意承志視聽於無形聲椎髻練裳操作不懈太夫人謂黻堂曰吾嘗欲此女來江北作閫師不料今果爲吾兒婦也卽取生平服用器物盡以賜之逾兩月太夫人卽棄養夫人盡哀盡禮凡楄柎絞衾飯含之具致極誠信外姻至者交口稱之先是黻堂之從弟偉存夫婦早亡無嗣而偉存之母葉太夫人猶在堂夫人謂黻堂曰一門之內獨叔姑向隅不樂君何以安請所以爲後者遂以次子熊繼

之逌葉太夫人歿卽以一身任兩房家政食指不下數百夫人以徽柔之性綜覈之才襄助之至戚婚嫁代爲經理者無虛歲雞鳴而起夜分而寐雖釧童竈妾林立階下而一卮一匜必躬自檢閱不肯告勞無何子熊殤夫人哭之極慟曰脩短之數吾甯不知但念一綫之延不能不爲之肝腸寸斷耳然天欲絶之吾必欲續之吾尚有子可再繼也復以少子清繼之已丑春三子與長女夭亡夫人以積勞之軀疊遭傷慘精神日就衰耗而瓛堂好結納賓客盈門且綜理鹺務當路倚之爲左右手夫人時出一謀爲之佽贊必中機宜瓛堂嘗謂夫人

曰昔楊敞之妻著參語之勳趙昂之妻有九奇之助吾今者不更求幕中人矣乾隆庚寅春巘堂赴天津庀務供頓膺
寵錫之榮夫人服冠帔拜
恩中庭內外姑娣姒環觀稱羨而夫人益自悚惕謙下謂諸人曰吾女子何以報國惟有時以婦德遍相勸勉之願人皆貞順家無勃谿庶不負
聖天子雎麟之化耳辛卯春巘堂又赴泰安而夫人抱病已久猶強起辦裝凡傔從資糧扉屨之屬必一一躬自檢視時婢子挾持送巘堂出戶外曰夫子受

恩深重今復迎
鑾道左恭覲
天顏榮幸已極渡河以後風沙漸高惟宜愼自攝調以
期成禮毋以閨中病軀爲念疾雖革必忍死待君也徽
堂就道後夫人卽臥蓐不起然猶於枕上命女奴製菹
醢備酒漿待徽堂歸來召客閱月徽堂歸細詢
輦路所經
天語所及傾耳不倦有如平昔徐執徽堂手凝睇曰吾
眞待君來也翼日遂卒年三十有二
誥封夫人子三人長灝次湄皆蚤慧次淸出繼女二人

蕪城外史曰黴堂家揚州常客於全椒余全椒人也而居揚最久余聞吾里人道黴堂之才且謂其有賢内助揚之人亦云然詩曰鼓鐘於宫聲聞於外易曰閑有家悔亡吾於黴堂信之矣夫人得所天而席豐厚宜若俯仰愉恬以養其生而勞劬盡傷遂中道夭夌不終夏花不濟春叢蘭芣苢之歎在巾幗且不免焉然則文人九命之說詎不信夫

汪母江恭人傳

恭人姓江氏新安歙人也始祖汝刚爲歙州牧有惠政百姓愛之其子孫遂家於歙歙之人名其所居曰江邨

高祖左衛以純孝旌曾祖文甫祖公冕皆世其德父聖一負幹才有器局理鹺務聲稱兩淮恭人其幼女也生端慧齒未齔讀書內塾聲琅琅出戸外聞者不知其爲女子也既笄歸江君素庵繼時素庵之父鈞軒先生及嫡母何太夫人皆棄世而母孫太夫人治家嚴肅門以內上下數百人僮手指千賓客盈館舍恭人於酒漿醯醢之屬必一奉孫太夫人指揮不敢自爲豐儉歲朝月朔捧卮匜隨諸娣姒雁行立堂下尺步不踰孫太夫人於家介婦中少有恚怒恭人即悚息不遑必俟顏既霽更從容怡愉刖進一言然後退素庵性至孝孫太夫人所

夕膳羞必躬親檢點然後下食釧童竈妾不使少有過差恭人早夜惴惴惟恐不得堂上歡心委曲順承視聽於無形聲緣是孫太夫人亦愛恭人爲最篤恭人生平沈静寡言笑婢僕中有詬誶者見恭人至卽肅然斂容以退不敢復有聲然恭人從未有疾言厲色加之也故婣黨中皆目恭人爲女中黄叔度云汪氏莘居揚州雖歿世皆返葬新安孫太夫人之歸而合窆也恭人曰吾安可不奉吾姑以歸及旣葬又曰吾安可遠違吾姑而去於是偕素庵廬墓里中者浹歲暇則與鄰婦郵女饁耕採茶者道古列女遺事於墟落間意泊如也後爲長

子廷琯納婦復歸新安至則先展孫太夫人之墓甫下拜涕泗交頤見者皆感動其先所識之鄰婦邨女有遠嫁及物故者皆一一詳詢之唏噓惻愴見於顏面先是素庵之第四兄嫂早亡無嗣孫太夫人言之輒哽咽迨素庵生次子廷琤恭人喜曰吾姑之志慰矣遂卽以廷琤繼嗣之其明於大義如此恭人體素豐少疾病以經營喪葬勞勩之後又疊遭門內多故早夜憂思精神遂漸衰憊歸里時道嬰疹疾幾至不起越五年竟卒卒之夕猶手持一杯歡笑如平日未幾以手足不仁爲言扶就榻則目瞑矣恭人年十八而嫁五十二而歿三十餘

年事事可作閨訓茲僅撮其大者子三長廷珺次廷琤出繼次廷珏皆令器也孫炳煌俱幼

蕪城外史曰余讀新安女行錄知名賢之澤孔長也新安爲程朱闕里喪祭皆秉文公家法故其女子習見而熟頌之若江恭人之所以事孫太夫人者可謂盡禮也已

張孺人傳

孺人姓張氏陝之蒲城人也明中葉有張雙樓者以貲雄關中而愛江淮風土因以鹽筴之業寄居揚州子孫遂隸籍焉大父候補浙江運副菘園先生父候選郡府

考亭先生皆有幹局世其家孺人少聰穎年數歲讀班氏女誡諸書卽能通大義爲小婢子講說大父母前菘園嘗曰此女必作不沐櫛諸生不當僅求之巾幗隊也迨及笄事兩世尊人愉色婉容朝夕不離左右雖居素封而鍼黹操作日有課程年十九歸吳君德宣時德宣之祖母某太宜人年已八十廟見之夕喜動顏色顧謂尊章嵋川先生曰新婦宜男孝順富貴古人以是爲祝辭今新婦容端性溫自克孝順富貴宜男願吾老人一一見之嵋川平生純孝夕膳晨饈非躬自檢視不敢進孺人佐堂上經營家政蚤作夜眠不以爲瘁後某太宜

人卒峭川毁幾滅性德宜與其弟洛初朝夕慰勸而終難寬譬支牀雞骨宿疾逾深孺人佐德宜調藥餌具糜粥數月不懈未幾峭川即世孺人盡哀盡禮門内外無間言體素尫日食不盈甌而時時多病恐禖屏之祝不能早如願無以承堂上歡年未三十即爲夫置側室樛木之德遠近稱之德宜守先人家範重厚篤誠峭川殁後詩箋畫稾遍爲收拾孺人於箱篋中得寸楮斷縑必敬謹付德宜藏弆不敢遺墜張氏居揚州吳氏居眞州舟行七十里朝發夕至孺人雖已嫁而一歲之中數歸省猶以相隔異地不克朝夕繼至爲憾故每一來歸即

兼旬踰時而後返筍婦浣女往來水濱者無不熟識其面輕帆往來皆指而目之曰此吳家娘子歸省船也戊子秋復至揚省其父遂患疥而返既弗愈又就醫母家而疾愈甚竟以是卒年僅三十一云

蕪城外史曰嵋川吾老友也余往來鑾江必與嵋川作數夕談聞其家事最悉十餘年來嵋川歿嵋川之兄與弟梟其猶子先後相繼歿今又見其冢婦之不祿也悲夫

高太恭人傳

吾友吳曾之祖母高太恭人年八十矣將以今歲之臘

月稱觴太恭人含淚向曾曰吾安敢爲若之祖母哉汝必欲壽吾則於吾死後求一必傳之人作一必傳之文使吾瞑目足矣太恭人於乾隆五十三年六月五日卒曾遵遺命來乞文余乃爲之傳曰

太恭人姓高氏揚州江都人兵部職方司員外郎吳惇園先生濂之簉室也惇園之嫡妻方太恭人生子如棠是爲栘田公太恭人生子如桂爲秋巖公惇園以其伯兄無出甫晬卽命爲伯兄子後生三子曾葵廷燮曾奭葵皆有幹才太恭人又生一女適同里汪氏惇園歿太恭人年四十矣與其嫡子冢婦協和治家一秉惇園之

舊奉事方太恭人恪謹承順門以內無間言與方太恭
人愛其女尤摯女之歸於汪也未期而寡汪氏故饒裕
食指浩繁女以幼婦事翁姑克總家政族里間有懷清
臺之譽觀其女知其母太恭人之聲稱由此益重迨後
吳氏家中落移田棄舊宅遷徙無常太恭人委順處之
無幾微不豫色移田以秋巖之少子廷燮爲後廷燮殤
移田仍無子其歿也遂以秋巖之長子曾爲後太恭人
與其冢婦唐太恭人共𢈔家政而門戶日益凋落唐太
恭人者名家達宦之女與太恭人共貧窶以教子孫臧
獲輩無敢掉磬曾之嗣移田而仍爲太恭人之孫也年

已二十餘矣太恭人教之備至愛之尤深曾孫履垣生太恭人喜而且泣謂曾曰汝家門戸衰薄事業凋零汝祖嫡庶子僅二人以我所生子爲兄後而嫡子之嗣子又殤乃復以汝爲後吾時惴惴焉如千金之係一髮今汝得子汝祖眞有後矣汝篤學能文與海内之名士交相洽汝子必能成立大其家聲然我老恐不克見汝其力教之履垣於十六歲即入泮宫擅文譽曾又生履基履墀兩子太恭人年登八十顧孫曾一堂以爲慶爲吳氏女宗以秋巖急公之例受

恩封爲太恭人其歿也外姻至者皆哭之慟云

金兆燕曰禮以男子爲重故父在爲母齊衰期然觀於高太恭人其重蓋不啻男子也吳氏珠成停園兩兄弟止太恭人生一子秋巖爲珠成後停園之嫡子又以秋巖之長子爲後是珠成停園皆以太恭人得有後乃太恭人今日之孫則爲方太恭人之嫡孫而不得以太恭人爲祖母使非我

皇上推明錫類之恩

新例定庶祖母功服則曾於太恭人竟無服矣余嘗讀杜詩骨肉滿眼身羇孤之句爲之三歎今吳氏兩房共孫二人曾孫四人皆太恭人所出而太恭人身後不得

有斬杖之人爲之承重豈非天之厚其德而厄其遇歟然姜嫄之廟百世不祧吳氏子孫之於高太恭人當如是矣

汪孺人傳

乾隆乙未八月之廿有八日我友硯農吳君之內子汪孺人以久病卒卒之前一日執硯農手曰聞君將請金教授棕亭作生傳有之乎我婦人無可傳君之傳卽我之傳也曷促之成使我得生見之以瞑目硯農曰若無憂若死我必屬棕亭作佳傳以傳若孺人乃笑頷之自是遂不言越夕而卒傳曰汪孺人者歙詩人執齋明經

之孫女而徵仕郎棣邨先生之女也幼養於外家外祖母暨舅氏皆愛之教之女紅書史靡不精繕外祖母歿舅氏方遠出孺人年甫十三楄柎絞衾一皆其所措辦外家異之後緣母病歸侍俄祖母暨母相繼歿而父與兄皆客揚州孺人與其娌經營兩世之喪內外稱善父歸且痛且慰曰是眞女丈夫也不可以耦猥壻於是復游揚州且陰選佳子弟當是時吳君硯農以名家子中落食貧棲托於姑丈汪學山氏棣邨過學山見束髮少年軒軒霞舉心目驚眴學山曰是梅莊吳氏子大司成鱗潭先生博學鴻詞節霞先生之裔也其祖與父皆負

才抱道不展其志而此子器宇不凡天或者將興其門乎棣鄂曰吾有女不願妻富貴人而願妻磊落人如此子者可以妻矣時硯農之父西文先生以名諸生攻苦塲屋終日手一編不問家人生產而孺人之姑汪太孺人孱且病孺人廟見後即與硯農撐擋家事承堂上歡姑姊妯娌皆相得無間執翁姑之喪竭哀盡誠棄奩具卜葬地人以硯農之孝孺人有以成之云硯農貧不羈才游燕入蜀隻身行數千里乾隆癸亥金川不賓

朝廷命大京兆胡公副相國忠勇公聲其罪討之硯農見胡公抵掌論時事慷慨激昂胡公奇其才將置之幕

府制府策公亦欲奏其名授以官而硯農急於省侍卒
不就而歸歸之日囊橐蕭然而孺人以鍼黹謀養無怨
色後硯農選授雲南大理府司獄行半道以憂歸服闋
補永昌慨然謂孺人曰吾本欲以薄祿養親今親不可
養何以祿爲孺人曰君之言是也且君方受敬亭汪公
之托可委而去之與人以是益重硯農之然諾不苟有
古烈士風皆孺人之助也孺人毋歿後父衰老客居於
揚朝夕視膳親問燠寒父歿時孺人方抱疴家人秘不
以聞孺人心動強起視之一痛幾絶先是孺人之母柩
停於家者三十餘年孺人竭力厝殯宫至是遂父喪歸

里乃克合葬孺人性温淑側室陳先舉長男孺人保抱攜持如自己出越一年孺人生次男側室又生少子並兩女子女五人均鳲鳩之養無所等衰長男如庚次男如鳳俱嗜學能文如庚入邑庠孺人喜甚謂如鳳曰古者弟不先兄舉今汝兄已售汝何憂哉益肆力於學而已其明於大義如此年六十一卒

燕城外史曰龍門蘭臺皆無列女傳豈不以無成代終不必有所表見與然巽參昴奇光偕鴻隱至今猶豔稱之黼佩負戴苟有同心顯與晦可度外置也若孺人者眞佳耦哉

宗子相文集 卷三 三 會宗刊

道光歲次丙申孫琨謹編次

曾孫醻

醍校字

棕亭古文鈔卷之四

全椒　金兆燕　鍾越

浦捴子傳

浦琳字天玉揚州江都人少孤貧十餘歲無立錐地日持箒掃街市積土棄礫至河濱淘漾之得分釐以自給夜則宿街亭中爲巡邏有遺金於路者琳覓其人數日還之其人欲分其半以贈琳曰吾日掃街塵足以不餒子之金有盡吾之金無窮也卒謝去之琳不讀書而好行善見人有骨肉相傷朋友相棄者必力爲勸救之一日過市肆聞坐客說評話悅之曰爲善爲惡其報彰彰

如是奈何世之人如叩槃捫燭擿埴而索塗哉遂目取小說家因果之書令人誦而聽之聽一過輒不忘於是潤飾其辭摹寫其狀爲人覆說聽之者靡不動魄驚心至有欷歔泣下者揚城士女爭豔羨之琳體肥右手短而捩人呼之曰挖子春秋佳日絃管雜遝中必招致浦挖子說書以爲豪舉琳於是挾厚貲益利濟人嘗冬日說范叔綈袍故事曲盡凍丐之狀於富室諸女郎前且曰我少年時亦猶是也我將罄所蓄製綿襖施凍人種來生溫煥諸女郎感其言盡發囊篋侍女竈妾亦有脫簪珥以助者是冬祁寒雪深三尺而城內外乞兒無不

挾纊者琳之力也揚城街道久未修治溝渠堙塞每霖潦則不可行琳曰吾幼以街爲食今可忘街事乎倡議捐修數月而工畢琳終身不衣繡段食止魚肉見山海珍錯則不下箸曰貧賤人安可折後世福耶無子有女四人以其壻李姓之子爲孫名繼宗而傳其技於弟子張秉衡陳天工皆有聲譽年五十六卒

金櫻亭曰賢者好讀書不能讀者亦好聽書耳治與目治一也昔柳敬亭挾其技遂與名公卿游浦琳之名雖未聞於當路然席豐履厚至於沒齒且能作諸善緣鄉里稱爲長者詎不偉哉青州劉豉子見知於司馬温公

遂爲奇士抝予不好名無知已耳使其俯仰隨人稍結交於當世安知不與柳厤子共千古也

亡室胥孺人傳

孺人卒於乾隆四十八年十月二十五日踰月渴葬未有志銘旣小祥兒子臺駿請於余曰大人爲人作傳多矣盍爲吾母立傳余應之曰古者婦人無傳自劉向編列女范蔚宗作後漢書乃因之有列女傳汝母處隆盛之世隨余以卑秩受七品
封無異行可述不傳可也然一二瑣事有可以爲子孫訓者試爲汝告之孺人姓胥氏余同里人年二十歸於

余余家貧甚孺人家亦貧嫁之夕假他氏衣飾迎以至
廟見後脫釵釧易裙襖入厨操作無幾微不豫色是時
余以鄉試失解而得補獲雋者之缺爲廩膳生聞者且
慰且賀孺人曰此小得失何足言大丈夫當以文行高
天下富貴貧賤身外事也余時爲他宅童子師所得脩
贄皆以奉堂上私室不名一錢同里吳岑華先生父執
也贈余白金三兩適孺人伯父有市肆在蒙塾之側謂
孺人曰以此寘吾肆每日與爾子錢三孺人諾之余晨
出暮歸歸即持三錢來孺人一月可得九十錢而私用
足丁卯歲余與外舅同舉於鄉或謂孺人曰汝聞夫捷

不如父捷之喜何也曰吾父老矣不可以更有待矣戊辰會試余與外舅俱下第余歸新安省視先府君於休邑署中而外舅客游山左俄卒於歷城凶問至孺人水漿不入口者數日然以隨任官署泣而不敢哭府君曰聞赴而哭禮也乃設位遥奠命之哭孺人一哭失聲悶絶者竟夕奔喪歸里由新安富春取道杭州至京口渡江而北塊居舟中終日掩袂余上嚴陵釣臺謂孺人曰此古之高士伊之妻仙人梅福女也孺人泣曰君慕嚴子陵是也梅仙此時可再見乎嗚咽久之仲妹之夫孺人之從弟也迎娶歸與余同舟抵京口孺人誠其弟曰

此地人稠雜而汝屢登岸以鮮服遨其間盍慎諸是夜果被偷兒盡竊其衣以去府君致仕歸家益貧余爲菽水客游四方視膳謁醫惟孺人是賴辛巳落第歸省府君病已篤與孺人扶持左右晝夜不眠者三月治喪甫畢冰雪之中仍即饑驅而出是時行者持空囊居者無儲粟但於靈幃前相持一慟而別回顧孺人身上尚無複襦也丙戌余得第聞璉孫生既南旋仍留滯邗上而孺人於九月染時疾幾殆余聞之遽歸既愈後余詢孺人致疾之由孺人曰九月十四日君舅忌辰捧杯酒酹木主前因思今年兩事皆君舅所最望之切者而獨不

得見淒哽於中垂淚而食因致疾耳戊子春余得揚州教授將之任孺人曰骨肉至親待食者衆恐廨舍不能容也乃獨與余先至署拓其旁宇盡迎以來署以內食指七百一日食五斗米內外大小井井然每日餔以巨案羅椊椀竟丈餘孺人一一均授之畢然後食或自食無餕茶則均分已罄矣庚寅夏冢媳亡有人欲爲臺駿謀繼室者孺人曰君以從弟之寡妻孤子鞠育至今今其子已長尚未婚一不了事也亡友之子攜之來者才俊人也已爲之聘亦當娶矣於是先爲從子娶爲亡友之孤娶而後爲臺駿繼娶焉長女早寡攜其孤女大歸

有高郵秀才在賓館中孺人器其才以外孫女妻之秀才曰吾孤貧僅有一弟吾贅於此吾弟將若之何孺人曰招汝弟來可共處也其弟甫十歲處余家數年遂讀書能文克自成立孫璡童幼能詩友人有女年相若亦讀書躭吟詠欲以儷之孺人曰娶婦嫻女工在中饋足矣閨房之中朝夕唱和男子則學業荒女子則家政廢甚不可也卒辭之余以知縣需次迫就銓孺人曰君才疏而性曠不可任百里也乃以國子官遷擢去已亥冬余入京供職孺人挈全家以歸辛丑余歸里孺人年六十矣壬寅爲璡孫納婦癸卯余客揚州孺人卒於家

櫰亭子曰不用婦言而亡古人悔之余以國子官請急歸里絕意仕進仍得於山水花月之地嬉娛暮年孺人一言之力也交游半天下而知己乃在閨中詎不異與

任領從爾雅注疏箋補序

爾雅一書非經也蓋周秦之間經師各記其義以備遺忘者其時毛鄭諸人未出說經者無所依以為訓詁釁舍之中但以是編遞相錄授亦如漢之急就唐之蒙求云爾是書也古之里塾童子所諷悉者今之槁項黃馘自命尊宿者猶不能窺其一隙豈古與今降才爾殊哉今人之不如古者其端有二一在攻舉業者耗其精於

揣摩之文一在談風雅者溺其志於浮華之學二者滅穀之亡羊一也任君領從於書無所不讀而不肯以虛夸無用之文入其目一日以所譔爾雅注疏箋補示余余讀之兩月始竟考據精覈議論閎偉眞郭邢之功臣詎僅爲尠見者饋貧之糧哉昔胥臣多聞子產博物見稱於列國故曰登高能賦可以爲大夫今之抱兎園冊者旣不足與言而一二耆穎之士又復以嘲弄風月虛竊謏聞而究之蘭蕙莫辨蟹蜞不分廣座之中偶擧蟲魚循聲懊默亦可羞矣昔羅鄂州自謂其書指毛命獸見未知根其實如山其涵如海自譽如此而人不以爲

夸任君之書眞無愧斯言而猶欿然深不自足質其疑於擿埴冥行如余者充任君之所學其可以管蠡窺測之也哉

韋云吉儀禮章句序

朱子謂儀禮經不分章所以難讀然古之學者先離經而後辨志則章固宜分句尤不可苟也論語之孝乎惟孝書之延洪孟子之陶冶舍子叔疑句讀殊而意義遂別如此者殆難枚舉譬之於樂章不分則亂其宮而不諧句不分則淆其拍而不協欲其始終條理繹如皦如不亦難哉昔魯徐生善爲容至以容爲禮官而子孫世

句之使讀經而於其登降進退出入上下之際分合不淸則其容誤矣他經語助多易於爲句儀禮排比質實非心會其意而身體之有不易得其句讀者韋君云吉家傳禮教受是書於庭而肆力焉凡鄭氏敖氏之解聶氏楊氏之圖精覈覃研旣爲儀禮集解一書而尤慮讀者之陟無其梯而渡無其筏也乃更爲之章句使開卷瞭然不致有期期艾艾之苦經師授業先以是書具訓於蒙則呻其佔畢不必多其訊言其亦事半而功倍矣

辨證錄序

人之一身猶天地也天地之道誠而已矣誠則形形則

著誠於中未有不形於外者也脈之妙處不可傳故以病之形狀證之而腹內之癥結見矣兩之以九竅之變參之以九藏之動猶折獄者五聲之聽云爾顧病之爲證紛紜雜出多在疑似之間失之毫釐謬以千里兩造相爭各執其左驗以爲質非明斷之吏鮮不爲其所惑者是在虛心善鞫細以辨之而已扁鵲何以知魯公扈之志強而氣弱蓋見其足於謀而寡於斷也何以知趙齊嬰之志弱而氣強蓋見其少於慮而傷於專也夫偕生之病尚有可驗之證況在皮膚腠理之間者哉此朱華子辨證之錄所以爲治方之準繩也雖然豈惟八哉

牛夜鳴則痼羊洽毛而毳羶犬赤股而躁臊鳥皫色而沙鳴貍豕盲視而交睫腥馬黑脊而般臂螻凡有血氣莫不皆然誠之不可揜者彰彰如是人惟未克先積其誠而與之遇斯誤者多耳由是推之堯舜三代榮衛冲和無病者也周末之病痿痺秦嬴之病狂躁漢之病內傷不治唐之病外邪不解宋以虛弱而潰於癰疽亡以沈迷而傷於藥餌皆有其證而皆未能辨之以至於亡也明乎此者可以醫人可以醫國

楊氏族譜序

楊氏自四世五公而後惟關西爲巨族其散居他處者

皆寶震之裔也自唐世履道新昌靖恭三家鼎峙其支派蕃衍遂難鳩族而沿泝之矣江右楊君效先以其族之大而渙也譜之以貽其後人其子鳳文恢文蔚文紹文纘承其志而書以成余自幼識效先而與恢文交最久鳳文蔚文爲名諸生有鄉里令譽余神交之一日恢文出其譜示余余讀之而有感也唐世之楊無論矣郎明之建安新都赫赫一時者不數百年其子孫皆不可識豈非門祚使然與抑亦家乘之不修也恢文以青烏之術世其業海內閥閱之昌熾者半由其父子營度之力居多宜乎救貧之絕學久而彌彰而三喜集門可爲

君家兄弟預券也

俞氏支譜序

禮曰別子爲祖繼別爲宗繼禰者爲小宗有五世而遷之宗夫五世而遷自爲小宗則較之大宗如九逵之道九派之河其塗愈歧而易迷其源愈遠而難泝故古者立宗法必先考支分支爲宗之條幹而實所以衞宗者也自後世宗支不明而族姓遂紊琅玡太原兩王不同祖博陵清河兩崔不共族迨至末流專重族望遂至唐祖李昞宋祖趙武荒渺支離不可致詰豈非支之不明遂宗之莫考耶嘉興俞氏自給諫公立名中朝編修檢

討兩公大闡其學家聲以振檢討公之子巽園先生遷居揚州文行冠江左子安國益纘其家學聲嘖嘖兩淮間今少司空劉公掌教安定書院時奇其才以女弟妻之安國兄弟五人俱孝友能文章其下大功同財之弟兄皆佼佼可造俞氏遷揚州甫三世耳而根深實茂隱然爲磐石之宗嗚呼是豈無所本與古者大夫去國必載宗祏而行馬班成史書自敘其世德甚悉葛藟之芘豺獺之祭人之情一也安國一日葺其支譜示余而索余言以爲弁余受而讀之世系謹嚴分合明晰上以接嘉興之大宗而不失之鑿下以開揚州之小宗而不慮

其譌語簡意質紀載詳備雖家乘也而三長備焉昔俞之先世如拊之醫瑞之琴皆以絶特之能獨有千古安國承其弓冶之世業而益大之其樹立必有大過人者其於俞氏殆爲不祧之宗也已詩曰本支百世自今以後繼繼承承月有所增歲有所續他日考國史者將於此採擷焉豈第供內譜之學作氏族之志也乎

送朱澹泉歸涇上序

昔人以富貴而歸故鄉爲晝錦之榮此何其視富貴太重而所以待故鄉者太輕也士君子抱道在身懷才欲

試斷不能因重去其鄉而遂終懷其寶而不用於世如我之道既行而才既展則用世之願既畢而思鄉之情倍深矣如是則富貴可也不富貴亦可也如必衣錦而後晝行則被褐而懷玉者將終其身夜行乎哉朱君澹泉客游於東諸侯者三十餘載一日命舟楫載家累自揚州泝江而上將歸於涇川兆燕澹泉之深友也舉酒而酌之且曰君之客久矣何歸之決也澹泉曰余客游半世囊無一文豈若位尊多金者歸以自豪云爾哉余既老且病視天下所居之地無如吾鄉之樂吾歸吾鄉吾處安宅矣兆燕曰君之先人亦終老於鄉者乎澹泉

日先君子亦老而後歸者也先君子生不肖於南昌六齡矣侍至十二歲先君子命之曰吾甚思歸而不可得今遣汝歸使知鄉里土風異日不至爲桃梗之泛也不肖家居三載復至江右受業於夏知畏夫子之門同學者爲裘叔度饒霽南諸君二十歸娶家益貧老父尚客游不獲返輒轉困窮者十餘年嘗隻身負笠囊入都門圖進取之階迄無一成途窮而返遂慨然曰歲月逝矣必待取科名登仕版而後有濟於物恐終身爲濩落之材也苟足行其志何必尸其名於是歷應諸侯之聘居幕府者三十餘年然性如壹宿之雝不喜屢移棲息所

游歷者惟吳江一縣常鎮揚三府蘇藩淮運兩司而已吳江令王公藻垣常州守黃公靜山鎮江守蘇公紫翔揚州守曹公瞿園蘇方伯郭公寺肩彭公六鈞許公吉人淮運使盧公抱孫趙公恆齋蔣公戟門鄭公退谷邊公壽峯此十二君子者莫不推腹心以相待而吾惟自殫樸誠勉竭心力硜硜愚拙不敢自欺以欺人是以賓主之交始終契合從無半塗而廢也今者鬚髮皓然兩目已眚豈能復了官事哉憶昔奉先君子暨繼母歸里就養先君子沒後即歸先母之櫬合葬家山吾本不欲暫離邱墓乃以饑軀而出心耕筆耒至於頹齡吾何嘗

一日志吾故里哉且吾中年喪妻晚年喪子備嘗荼毒爾今者孤孫業已成童兩幼兒俱離襁褓桑榆之景尚可自怡且吾弟與吾同客居者十餘年今亦漸就衰白相攜而歸閉戶匡居聯吟對酌致足樂也吾歸吾鄉吾處安宅矣兆燕聞之肅然思愴然念也人之求富貴而不返其鄉者聞朱君之言其亦可以省哉爰次其語爲之序以貽之

李息齋先生詩詞偶刻序

吾椒楊道行先生當有明隆萬間以風雅播海內與王李齊名距今二百年無復誦其遺集者里人亦罕道其

姓氏蓋近日士大夫類皆操帖括發策決科而斯道廢閣不講久矣息齋李先生余大父行也少磊落拔俗於書無所不窺詩古文詞務發抒性情不屑屑絺章繪句自卓然成一家言且篤於孝友弱冠偕伯兄寓園先生隨父宰鼇江多所贊佐是不獨其所學者邃亦其才有不可及者也性孤高少許可凡有所作惟弟兄迭相唱和寓園沒後先生悲不自勝益閉戶不與人接嘗弔影獨憐淒然成詠得數十章曰兩牀淚草晚年司訓會城爲白門騷壇領袖尋遷練川遽告歸年過六旬猶銳意古人之學屏跡小齋朝夕溫經史數卷累月不出而雖

誦聲達戶外嘗一日邀余飲謂余曰昨夢病革呼君就牀第示君詩曰千秋不朽事相託意珍重不爲作佳傳定遺君腹痛此夢甚奇君識之勿負所託也余曰小子譾陋胡能表章先生萬一然恐貽已疾安敢辭相視大噱引滿舉白盡歡而退今年春將游天台因檢淚草與二酉秋吟及長調四闋合梓入行篋而命余爲序因縷述先生生平使誦其詩詞者想見其爲人無異乎讀先生之傳且以知吾椒擅風雅者前有道行後有先生也

吳魯齋詩集序

魯齋客死而無嗣返葬新安始得族人三歲子以爲之

後寡妻食貧爨煙不繼其門生崇明張君既經紀其喪且哀輯其遺詩以付諸梓而索序於余余惟魯齋之持身居家事事以敦篤誠摯不欺其心爲學宜天之所以報魯齋者必厚乃魯齋早歲舉於鄉迄不得一第宦游江東攝令篆幾徧數郡而終未眞除兩子已成童輒中道夭悼亡後家於異地續就昏姻遂鬱鬱成疾以沒嗚呼天之所以待魯齋者固若是其酷與雖然天之於魯齋不可謂不厚也使魯齋貴而富富而有子而持身居官事事不可以對人不惟弄麞伏獵貽譏身後卽秋壑鈐山風雅益世穢彌著耳其視魯齋爲何如者然則魯

齋今日固可以無恨也魯齋詩長於諷諭尤喜表徵闡幽褒揚忠孝之大節傷離贈別之作語必感人盡其性情之地有獨深焉者也夫詩家沈薶詩瓢沒滅古人之抱憾者何限而所患所得獨封禪諛媚之辭身歿而其言立乃不朽耳魯齋有知其以余言爲然乎哉

方密庵詩序

詩與字古人之所以教小學也三代以上人人童而習之家諭而戶曉焉故其時無書家亦無詩家書盛於魏晉書之衰也詩盛於唐宋詩之衰也使如燕之函粵之鎛人人能之則鍾王李杜其名不足稱也已自有明以

經義取士而詩與字遂爲學人之贖技才俊之士卽出其餘力以爲之而兼之者蓋寡是豈才之有偏至哉進取之道不係乎此則亦隨其天之所至而已密庵先生以書法獨步者數十餘年今讀其詩集知其於吟事之專亦復有如池水之盡黑而退筆之成冢者是殆欲合鍾王李杜爲一人而獨有千古也與

方密庵制藝序

惟古於文必已出降而不能乃剽竊是言也吾嘗疑之剽竊者雖不工然所剽者猶古也既曰已出則已之文云爾何古之有哉乃今讀密庵之文而信之密庵於書

無所不讀而其作文則不肯蹈襲他人一字及脫稾示人人讀之者或以爲思泉震川或以爲正希大士不名一物而一篇出必有一古人肖之㽦庵顔其所居之室曰茹古齋其意深矣

汪午晴花韻山房詞稾序

憶昔二十年前隨宦休邑每於城西柳塘尋方壺先生舊蹟愛其山水明秀使人意消知此中有絶妙好辭在閱十餘年午晴太史作宰興化余亦爲揚州教授以公事趨府見於廨舍一見如平生交暇日以所作楊花疊韻詞寄示讀之不忍釋手乃知霞箋玉滴之奇自其家

法昔日之徘徊柳塘求其人而不得見者乃今得亟見之自是郵筒往來大半皆長短句厥後以憂去官萍居郡城遂與余相鄰比更唱迭和無間朝夕今將入都門謁選人瀕行之際索一言以弁其詞稾余嘗謂詞家少於詩家而詞人之嗜詞必甚於詩人之好詩猶夫嗜茶者少於酒人而其嗜之篤亦倍於酒人也昔年旅食京華交游中談此藝者甚夥今璞函已爲異物蘭泉猶在軍中辛楣已持服歸里余所識詞家止施郎中小鐵侍監丞補堂尚在
輦下近日揚光蜚聲珥四庫之筆者趾踵相接必有出

其餘技寄嗜於倚聲者試以余言質之當以爲何如也

何金谿皖游草序

已巳秋金谿先生將赴皖江余踵門爲別見禿襟朱纓踞坐者數人或怒而呼或撫掌而笑似詈似謔大抵操土音余不辨也先生出坐者起而譁余叵耐退立於其堂西偏見先生從容與之語神色自若言畢探懷中詩揖余曰阿蒙城二喬宅吾神游久矣乃今獲如願小別不足道聊以爲紀行發端耳蓋先生緣蜚語牽連故被逮赴質乃名在鞫簿者三年而讀書日益勤譔著日益富大吏亦以此重先生白其事得不坐比歸相見喜甚

索其游稾紙勞墨瘁不可讀今年春乃鈔錄成帙乞余言爲弁余取而讀之未嘗不歎先生之人之不可及也莊子云簸糠眯目則天地四方易位蚊虻噆膚則通昔不寐人當寢食細務稍有棖觸猶未免怒於室色於市其有被重誣而處之若無事如先生者乎今讀先生詩於山川形勢及昔賢忠烈與興衰治亂之所以然無不據見核聞析其微正其謬而絕不作一不平之鳴以傷温柔敦厚之旨噫是亦可以見其所學矣夫人惟所學者大而後得志則足爲世用不得志亦足以自娛而不爲物累若夫拂逆之至稍自好者皆能夷之曾何足以

入學道者之冐而芥蔕之哉余故讀其詩而論之如此至其詩之工則能詩者自識之余不復贅也

鄭竹泉先生詩序

兆燕昔在新安時入龍尾山買硯大者小者方者圓者如斧形者如風字者金星者眉紋者共得三百餘硯擇其細膩者數十作字時一一試之稍不稱意屏之勿復用至今所寶而貯之者得三硯焉又入黃山買松俯者仰者拳而曲者支離而拏攫者共得二百餘松擇其古秀者植之盆中栽之以翦牵縛之以繩每晨起循玩有不當意者輒棄之數年來僅留五松始吾之見硯與松

也無不以爲佳石也奇卉也精而遴之硯得其三松得其五慨然曰使吾非盡購此硯與松安能得此硯之三松之五然使吾盡存此硯與松人又安知此三者爲硯之尤五者爲松之特乎鄭丈竹泉先生以詩名海內者四十年乃手刪其稾僅存數百餘篇兆燕取而讀之返虛入渾積健爲雄司空表聖之所謂第一品也昔張爲作主客圖以白居易爲廣大教化主蓋亦震驚其卷帙之富耳高岑王孟合之不及長慶集之半而千秋壇坫奉爲大家詩之傳又在多乎哉吾於先生之自訂其詩而忽憶吾之松與硯也因述之以質於先生

汪茱谷補錄詩冊序

汪君茱谷捧一冊泣然告余曰此吾先大夫恬齋先生韓江雅集中諸前輩詩也作者共十三人先大夫詩已刊置集中獨未書入此冊蓋是時以他事牽率未遑援筆或更欲刪潤以致稽遲後羼入他帙中不復檢視因遂遺忘之也茲事距今已三十三年而靈光巋然惟閔丈玉井在小子於陳編叢雜中得此悲不自勝爰敬錄先大夫作並述其顛末且與家弟愚谷各和一章附諸紙尾感歲月之易流悼良會之不再將持此冊徧求海內諸名宿題詠其後以志不忘子其爲我序之余受而

讀之益歎茉谷之能繼其先志而不使隕墜也記曰父沒而不忍讀父之書手澤存焉爾夫人子朝夕侍庭忽忽不覺及父沒之後則斷簡零編片楮隻字皆不可復得之物其忍棄諸敝簏而漫不省視與茉谷之寶襲是冊而不敢失墜蓋誠有大不忍於中者也當時作者共十三人不爲不多矣乃三十餘年僅存一老又何其澌滅之易如此也友朋會合飲酒賦詩當其時亦似無足致羨而轉首之間偶一追憶遂爲此生難再之事又況千秋萬歲寂寞身後者乎古人之於金谷蘭亭必誌其歲月列其姓名良有以也此冊爲乾隆癸亥閏四月二

十六日集張漁川四科南軒試惠山泉而作同用黃濬翁韻會者厲樊榭鶚程皀溪夢星王梅沜藻馬嶰谷曰琯半査曰璐方環山士庶西疇士虞陳竹町章對漚皋陸南圻鍾輝閔玉井華其時恬齋先生玉樞薗居程厲之間爲詩社魁首今諸君子已歸道山不聞松下淸風猶有判虀而玉井一叟八十之年衰病無嗣見者慨然然則茉谷愚谷坐擁遺書日對其先人手澤而吟諷之其眞人生之厚幸而恬齋先生之所以貽留之者可不謂久且遠也夫

道光歲次丙申孫琨謹編次

曾孫疇

醍校字

棕亭古文鈔卷之五

全椒　金兆燕　鍾越

汪茮谷詩序

六經同貫而詩獨以道性情情者性之所發也則忠孝其大端矣孔子論士而本之於稱孝稱弟論詩而推之於事父事君然則人苟不自篤其性情而攝之於忠孝則才雖華不可以爲士也句雖工不可以爲詩也吾友汪君茮谷席累世讀書之業家本素封而於聲色狗馬之習一無所好獨好爲詩蓋其先尊人恬齋先生於邗江雅集諸老中爲巨擘以詩名海內者數十年茮谷與

其兄若弟少承庭訓方入小學即課以有韻之文故茱谷之於詩如饑渴之於飲食無頃刻廢貿郭有園饒於水石日與諸昆季唱酬不倦每撫其遺構懷厥先澤輒興明發之思相與勸勉迨

翠華臨幸

錫名九峯感異數而紀

鴻恩者一篇之中三致意焉蓋其性情之眞摯有得於大者故其詩溫柔敦厚纏綿悱惻於有唐初盛中晚之界不斤斤模擬而密咏恬吟無一不合古人之尺度余與茱谷以詩交垂三十年而茱谷之詩則進而益上每

有唱和輙自愧不能及今茱谷屢受

天子恩顧行且以其忠孝之忱洋溢於筆墨者舉而措諸行事焉吾知茱谷其又以餘事作詩人也

禹門詩稿序

珠湖釋如震慧海

余少讀九僧詩而嘆文字禪中以定生慧非鈍根人所可企及後游宦揚州凡郡城大剎無不遍歷而以風雅作世外緣者僅建隆寺之夢因金粟菴之竹溪結契最密夢因示寂後余遷官入都遂與揚州舊侶如隔塵夢數年來仍客邗上則建隆學詩之僧道撰已化去巨超游踪不返但時過金粟與竹溪作往來二老而已一日

在竹溪座上逢一僧讀其詩淸而有味澹而彌旨大異之僧曰予十五六時在建隆方丈曾一面君君忘之乎伊時予卽學韻語而未敢以質大方也余回憶二十年前如蕉鹿之夢倥傯久之應器在手草鞋在脚何日是放下著也因書數語弁之乾隆丁未秋日

朱冷于蜨夢詞序

乙亥之春客游吳門寓居鄭丈竹泉之胡蝶秋齋時風雨浹旬杜門不出主客劇歡日成小令數闋以相娛嬉一日有客笠屐叩門冒雨入室則朱冷于先生也竹泉爲兩家驛騎談諧甚歡翌日至冷于齋中罄讀其生平

所作蜨夢詞全帙時天宇新霽庭花亂開命酒狂飲至日下春雨少君各出牋箑索句與泠于相訂秋風買棹作林屋之游後余客禦兒遂不克果此約又數年再過之則泠于已歸道山雨嗣君亦以事他出彳亍門庭悵然而返每於燈昏月墮客懷寥闃之時未嘗不追憶舊游怱怱如夢今年右陶同學因苕溪仇君霞村寓書於余且以蜨夢詞雕本索余爲序孤館寒牕泠唫數過五中悽鬱不異聞笛山陽人生似夢此語亦老生常談耳然以余與泠于一見遂訂久要一别遽成千古夢緣之幻殆無有甚於此者泠于今日夢耶醒耶霞牋玉滴中

栩栩然呼之欲出他日[illegible]一棹平江與右陶諸君子重敘十年之舊其又於夢中說夢也夫

揚州古觀音寺同戒錄序

佛說有云波羅提木叉住則我法住波羅提木叉滅則我法滅是故衆僧於望晦再說禁戒謂之布薩布薩者淨住也謂身口意如戒而住也夫天人師以一大事因緣出現於世應跡西乾法流東土諸經之中戒經爲最而其教人乃矜矜於妄念攀緣日用纖悉之事至於食必應器起必著衣行必偈咒臥必右脅乃至三千威儀八萬細行若取斯人而一一束縛之夫佛豈好爲是束

縛斯人之具哉此正所以憐愍後世弟子而渡之以筏也息凡和尚得一生補處於宣州出家飛錫至揚披荒利而居之曰古觀音寺初至之日敗簀破垣不蔽風雨息公修三十七品菩提道法誓不退轉道力所被感動十方皆獲檀波羅密不數寒暑金碧煥然勤行之士聞風麇集今於甲午春爲諸弟子登壇說戒而請余一言爲敘余於揚城內外招提蘭若無不徧歷但有高行僧必與作方丈友然實力修持作苦行頭陀者無如息公而息公語余曰吾精力盡於此矣吾豈能必諸人之盡克呵向哉吾以盡吾心而已余曰法猶燈也戒猶籠也

師知爲龍而已燈以傳燈安知其所終極哉抑又聞之學道如餐蔗愈進愈佳今日諸有學無學人一聞師說皆作新發意菩薩譬如旃檀香風悅可衆心從此由戒生定由定生慧捉一草拈一花皆可悟道乃知嚴淨毘尼眞非束縛斯人之具也高謝四流俯宏六度願心空及第歸者各各勉之

游子吟序

詩三百篇自生民元鳥上陳稷契下迄陳靈公千五六百歲之間其列國之風俗貞厲盛衰治亂之由靡所不載惜南陔白華孝子之詩亡其二焉人子終日侍庭

闈盡潔白之養愉色婉容自發舒而不可已至於眷戀庭闈心不違安則幽憂憔悴有魂夢靡依者故束廣微補詩而首以游盤爲戒也然陟岵鴇羽四牡諸作無非孝子行役之詩唐人以詩相贈遺京華祖餞大抵緣歸覲而賦者爲多至入客於外省視無日征衣手線東野之所爲悲吟而隕涕矣吾師年甫强仕即棄官歸養乃方及瓜代而以蜚語被議解組後留滯者三年僧寮獨處望雲思親每於暮鼓晨鐘燈昏月黑之時未嘗不徬徨徙倚對影潸然今年冬事雪將歸取數年所作都爲一帙顏曰游子吟兆燕受而讀之喟然歎曰吾師眞純

孝人也夫人必於其至性有不可解之故然後窮通得喪百變於前而其方寸之眞意不汩即一舉一動一呻一吟皆流露於不自已不然者絺章繪句言雖工無當也古之人一講學而門人歸養者半讀夫子之詩吾知叱馭者皆迴車矣

修翫詩序

三月修禊八月修翫皆古禮也顧修禊之事見於漢志及晉書南史後之人踵而行之者更不一而足獨修翫之事則一舉於唐之歐陽行周所謂貞元十二年與安陽邵楚萇輩同修翫於長安永崇里之華陽觀者是也

再舉於元之王常宗所謂至正二十六年與鄉人周景延輩同修禊於膠城登龍觀之南樓者是也自唐至元季遙遙數百年歐王而外無聞焉余蓋讀兩家之文輒悠然神往而歎古禮之不行於後此其一也余友廣陵徐子蓺農爲閣於所居之右乙酉秋八月既望招諸同人落之是夕也明月正中觴詠互發得七言詩各一章余以爲有當於古人修禊之義因取以顏其閣翌日徐子彙諸同人詩爲一冊屬余序余爲詳考顛末著於篇庶傳諸好事者知修禊之禮常宗後又數百年復行於吾輩也

閨秀方釆芝詩集序　釆芝名芬大興人

文章之道不可以有所爲而爲之也況於詩者所以道性情乎唐以詩取士宜乎應制舉者家蘇李而戶沈宋矣而所傳試律多萎薾不足觀是何也青衿之子非盡天姿卓犖軼倫超羣之才其豐腆者有外誘之紛其觳素者有饑寒之累求知温卷如寢關曝薾之不遑雖有聰明日以蔽錮及幸而弋獲又以爲筌蹄而棄之矣豈非有所爲而爲之而爲之終不至歟若閨中之秀則不然無科名之歆羨無官職之希冀無交游聲譽之馳騖於此而有負異禀承世業者出焉必能滌慮澄思有鵠

袍舉子所萬萬不及者既無計功謀利之心則宇泰定者天光發焉嗚呼是安得而不工乎采芝爲吾友方君薦塘之女垂髫時余讀其詩而異焉年甫及笄已窺古人堂奧今其叔父介亭筮仕湖南將兄弟挈家以往采芝自幼隨宦東南名勝之區題詠殆遍今又將以洞庭之波衡岳之雲大昌其詩其所遭何其幸與余比年來薄宦都門與二方結莫逆契毎敝車羸馬自官曹歸輒挈二方之廬作中道憩采芝有所作必以示余茲且隨侍遠去余亦齒落髮白逝將歸老田間他日班姬之史韋母之經采芝所以自有千古者應愈進而愈上而余

老人寂寞將廬還延趙蔭倘可於郵筒往來快覩其全豹吾知其不以有所爲而爲者必無所爲而不臻其極矣於其行姑書此於詩卷之端以爲之券

汪恬齋先生詩集序

兆燕十三四時侍家大人讀書揚州暇日隨諸賓客游城南葭湄園主人出一編示客客傳讀交賞兆燕從旁竊觀未測涯涘然已能强識數語向儕輩暗誦之後往來吳越間吳越間詩人多言揚州汪恬齋先生者兆燕曰是葭湄主人也余童時即識之已卯春復客揚州而先生歸道山已數年矣兆燕自見先生詩服膺者三十

載竟不獲以其所業就正先生每獨過葭湄園烟蒼水白亭宇半傾輙侘傺不怡而去庚辰秋聞揚人之望幸者葺治林亭至於南郭葭湄園又重新焉乃復過之遂與先生之子椒谷相識訂文字交既得讀椒谷詩復向椒谷請先生全集讀之乃知先生蘊藉深厚醇粹沖融蓋於詩中獨得正大之情中和之氣而向之剽竊一二流連景物之句遂以爲先生詩者殊可笑也辛巳落第南歸舟中無事復取先生之詩日讀數過因慨想三十年中如夢如幻昔之共游葭湄者不但老輩零落卽同垂髫髮年齒相齊者亦半爲異物而家大人老病家

居兆燕不獲日侍几杖猶逐逐於輭紅塵中而卒無所遇也咨滋甚矣

吳鍈儂詩序

四十年前余客揚州一時皖江詩人如方南堂馬湘靈輩皆以風雅名宿掉鞅於竹西紅橋之間余以稚齒追隨其後與諸君子作忘年交江淮人士數雅材者必以桐城爲稱首後二十年再客揚州則老輩凋落流風盡矣數年來一官落拓齒髮漸衰無復少壯時意興而於皖江友人往來茲土者獨喜與唱酬讌洽如平生懽此亦莊子所云踉位其空聞足音而喜之意也鍈儂先生

以名孝廉注籍縣令又以中正榜擢國子學官皆未任而以簡拔先來與化爲鄉校師余見錬儂之初至也其氣豪其言皆有物既心折之後以公事往來文讌無虛日因得取其全集讀之而嘆其才與學之不可及也夫以錬儂之才與學陟金門上玉堂燕許沈宋自可比肩而乃冷官數載留滯海濱徒以瘠土饑黎紓軫其營目腐心之寤嘆而發爲咏歌讀錬儂之詩偉其志而不能不慨其遇矣然錬儂年富氣盛今且報最以遷其施設正未可限量他日昌其身以昌其詩者必大有在而方馬諸君子亦且爲禽息之陰慶也與

盧復菴詩序

詩緯含神霧云詩者持也劉熙釋名云詩者之也是二說者一取義於手一取義於足蓋嘗論之人不能徒手以終日也文士之簡策武夫之弓矢農之耒商賈之籌各有所持有不可以相易者矣人不能禁足以終身也川行者資舟陸行者資車適楚粤者北其背適燕代者南其踵各有所之有不可以相隨者矣故六經惟詩爲天籟委巷歌謠閨房晏笑皆足以自鳴而不設之程度至後世之論詩者揣聲按形絺章繪句定之爲格分之爲品釐之爲主客之圖劃之爲初盛中晚之界噫是何

異於攣其手而鉥其足耶於以欲其執之而不舍行之而不懈焉難矣復菴盧君慷慨多幹才生平寡所眥慕顧獨好爲詩爲秀水丞數年吟帙益富一日盡出其詩以示余而索余言以爲弁余因之有感焉夫人少年束修立志遠大其胸懷未有不爽朗自喜者迨沈淪卑位屈伏無以自伸包苴竿牘與手習旌輳馬廄與足習苟非有君形者存亦安能嘯咏自得絶無所動於中乎復菴於是爲不可及矣我

國家任賢使能不限資格多有以下僚而濟膺顯秩擁旄鉞者昔人謂本流既大不能復唱渭城復菴勉之執

之而不舍行之而不懈由此而守牧而卿尹終其身如峨松之日焉則於道其庶幾乎

王介祉詩序

唐詩人唐求以其生平之詩貯之大瓢浮之於江而死而徽之樂天至互錄其稿付之兩家後人若惟恐其不傳者元白何自愛如是而求何太不自惜如是哉噫吾知之矣元與白處豐適之境生平無求不足所冀者惟身後名耳唐山人窮約困頓其生也不足自存其身後之名又安足以潤枯骨故憤激而投之於江而不顧噫其亦可悲也已吾友王君介祉詩益工遇益窮奔走於

四方者二十年所如輒躓年未四十卒以客死今其弟次岳哀其遺集請太史袁公爲之序將付之梓人而囑余贅一言於其後余曰此則次岳之事耳於介祉何有哉使介祉於棲屑無託之時有人欲持其詩爲弓衣之繡碧紗之籠者吾知不若惠以一裘贈以一紵也今介祉死矣從此而人人以其詩瓣香而尸祝之豈復有繇毫裨補於介祉哉少陵云千秋萬歲名寂寞身後事余讀介祉之詩益以重悲介祉也

吳三匏司馬詩序

二十年前余在新安與路口二吳結文字交伯子松原

仲子二匏有蘭蕙林詩文合刻余已弁一言以爲之序今年秋松原寓書於余索序二匏之詩嗚呼余何忍序二匏之詩也哉憶余初識二匏時更唱迭和一月必有數篇一年遂成一帙同學者或譏其作爲無益逮二匏

獻詩

行在

召試得官一介書生受

聖天子特達之知置身華要詩於此尚爲無益也乎然吾謂詩眞無益於二匏也二匏少小不出里門兄弟相依不離跬步日侍寡母之側以相娛嬉雖蕭然居荒村

而俯仰足以自適自奉職西清遠離膝下夢寐傍徨無日不以母兄爲念及外轉一官冀獲迎養而下車旬餘其身遂歿母與兄並未得一言永訣嗚呼詩之爲益於二匏也顧如是乎使二匏謇吃無文不知風雅爲何物而終其身不出里門兄弟相依不離跬步日侍寡母之側以相娛嬉也二匏之所益大矣今序二匏之詩而適聞太宜人之訃既以增余之悲而寄序於松原知又益以增松原之悲也嗚呼余何忍序二匏之詩也哉

謝蘊山太守寄餘草序

揚與潤雖分郡而治而樓櫓雉堞對影於烟波出沒間

相距僅一舍所編修謝公由詞垣擢守鎮江時兆燕已教授揚州五六年每於京口友人傳誦公之篇什雖零章斷句必心誌之然官守有局不敢渡江而爲踰境之謁也甲午春公遷揚州兆燕乃得於版謁之暇罄讀公集於是數年來所竊誌之句無不一一窺其全豹如登縣圃而觀玉也如入鄧林而度材也如過宫錦之坊而披其繢繡也竊疑夫公之耽於吟事如此其於官事得無有所遺歟抑亦如古之坐嘯晝諾者之不必親其事歟乃公則日坐堂皇理庶政綱舉目張百廢具舉於是益嘆公之才之不可及也夫本流既大卽不暇唱渭城

一行作吏此事遂廢人人嘆之公則事益劇心益閒恬吟密咏曠然怡然絶不似身在簿書叢委中者公常曰心暇故神清神清故其政不廹斯言也政之本也亦即詩之源也公之不可及者又豈獨其才也與公自爲諸生及登館閣所著詩文甚夥今偶舉居鎮江詩數十首付之剞劂名曰寄餘草蓋公之心所寄者大而其餘獨寄乎詩也太白云賢人當重寄天子借高名請以爲公詠焉然公家太傅雖受朝寄而東山之志始末不渝則公視公之所寄又何一非餘也與

楊夢羽詩稿序

余前年游虞山見明詩人楊夢羽手稿二冊其子孫珍秘之葢三百年矣今年客兩淮都轉盧公幕中爲公言之公欣然致書於督糧胡公向楊氏索其稿將授剞劂氏時江陰夏文震軒見之嘆曰有是哉三百年前故紙堆中之物至今乃大發其光也使夢羽當時隨手散棄則其爲灰燼也久矣吾少隨先師楊文定公游方從事於心性之學後爲國子官掌數省書院教專意治經不暇爲有韻之語今老矣惟以吟咏性情自適其天而已顧與之所至或口號而無稿或脫稿後不自收拾故詩雖多而存者益寡請自今年始效夢羽皆錄之冊數百

年後或亦有都轉盧公其人者未可知也余聞夏文之言而有感焉昔劉賓客白太傅以其唱和之作裒爲兩軸一付劉之子一付白之姪唐求貯其詩於瓢浮之江人得之者皆知其爲唐山人詩瓢也然則操觚之士殫精苦思槁項黃馘而欲播其名於後世者其先自爲寶惜也與

五人詩社序

古者三人爲衆五人爲伍才相均學相儷性情相洽一時而有五人可謂盛矣眞州詩衢也結契山水吟弄風月者無慮數十百家而方君竹樓元鹿介亭和吳君晉

堂崇桂蒲江祟政詹君石琴肇堂獨爲五人之社此五人者才相均也學相儷也性情無不相洽也一月必數聚每聚必有所作奇則共賞疑則共析當其吟興飇發逸情雲上五人相對直自以爲嶽之峙星之聯味之燮和音之協比天壤之大無有足與其豪末者嗚呼斯亦至樂也已昔歐陽公作睢陽五老之會其詩與圖至今傳寶之五君者各負其文章經術用世之具而年俱富强將各展所學以策名清時他日游宦四方分鑣以騁雖千里詩筒可以互答而求如今日一室之中嶽峙星聯味燮和而音協比則必俟槁項黃馘亦如歐宋歸田

之後吾恐精亡氣衰必未能若今日之樂矣五君以余言爲然而懼斯會之不易承也乃繪之爲圖而屬余記所言以爲其詩帙之弁

新安七子詩序

憶乙丑之冬隨先君子入新安至今忽忽已三十年其時朋儕往來前輩有曹震亭鄭松蓮諸先生稱老宿同儕則二吳松原二鵷二方集三東來各擅美才毋相角不肯下余每自休邑入郡城即與諸君子登潛虬之山望雲門之峯分韻唱和必數日然後去甲戌之春先君子致仕歸里余時下第居京師不獲與諸君子別逮今三十年每

逢新安人士無論識與不識皆依依同臭味而歲月遷流有如逝水昔年帬屐之交半爲異物今年秋吳大松原來揚訪余官署爲言近日七子之才嘆羨不置余亦以未得交其人讀其詩爲憾冬日吳子張子同來投謁并以七子詩見示諈諉作弁言余以耳順之年匏繫冷官舊學日蕪幾如廢井七君子者方茗發穎豎其光上騰擿埴索塗之人又何能以爲糠粃之蕞然莊子不云乎逃空虛者聞人足音跫然而喜見新安之人讀新安之人之詩無異新安江上搖艇重游也益不禁今昔之感也已

許月溪詩序

吾鄉三十年前以風雅自任力追古人者惟比部吳岑華先生憶兆燕童丱時隨先君子往來於岑華之溪上草堂惟時座上賓友則有章丈晴川吳丈交木一時唱訓之盛甲於江淮一日岑華舉許君月溪詩有云風來小院花如雨門掩深山日似年共相吟賞余時雖未知詩然已能心解其意謹誌之弗忘後數年始知許君爲吾黨獨行之士又數年始得交於許君許君家故貧居荒村中授徒養母門前桃花數十株映帶溪流暇則手一編長吟花下見者意其非常人然其貌寢而性樸不

喜與城市聲華子弟游以故里門外罕有知許君者今上振興風雅仿唐人取士之法遐陬僻壤無不爲聲韻之學翠華南幸吾鄉英異之才以獻詩蒙顯擢者疊有其人而許君抱其所學日孤吟於荒村老屋之中若不知人世間有衒文干遇之事嗚呼許君之於詩其眞無所爲而爲之者矣唐之詩人無過韓杜然少陵之三大禮賦昌黎之上宰相書每讀其文輙爲泚汗朱居士之屩唐山人之瓢蕭然世外獨有千古其視樓頭沈宋亦何殊蜩露之於蜣丸哉余頻年奔走衣食舊學日蕪不復能

陶冶性靈步趨往哲每一歸里必過許君之廬求其詩而讀之未嘗不嘆其風骨神韻日健日遒有非塵勞中人所可及者莊子云安排而去化乃入於寥天一丁之解牛扁之斲輪其心蓋有獨樂乎此者豈嘗以是爲徇世之具哉今岑華諸君墓木已拱而余與許君亦復漸就衰白酒闌更深回思三十年前往事不禁相對長喟昔人喻此身爲露電泡影所不可沒者惟此區區耳燃燈續書余安得不自顧而瞿然也

趙甌北詩集序

古人謂胸中有萬卷書足下行萬里路然後可以下筆

爲文是二者一可以自已爲之一不得自已爲之者也窮約之士有志讀書懷餅就抄坐肆借閱無所不可至欲千里裹糧則力絀矣且倀倀安所之乎故四牡皇華大抵非北門詩人所能賦也甌北先生於書無所不讀徵引故實如數家珍溝猶瞀儒讀之舌撟而不能下扈蹕長楊北逾邊塞從軍洱海南越滇黔擁麾百粤之地叱馭五嶺之鄉身在行間謀桼機要凡夫山川阨塞林箐險阻氣候寒燠之殊風俗剛柔之別靡不見諸吟咏大放厥詞萬卷之書既足以供其驅遣而耳目未歷之境雲詭波譎又足以震疊而張皇之然則天之所以昌

其身而昌其詩者豈人之所能望而亦豈先生之所能自主者乎昔宗炳晚歲張名山之圖而卧游之今先生悦志林泉游屐不出數百里外手此一編時自省覽卽以爲卧游之圖可也後世子雲未易可得千家注杜百家注蘇是所望於來者矣

張淑華閨秀緑秋書屋吟稿序

三代以前女子無不知書故三百篇多閨幃之作而姓氏無傳焉自後世德教衰治經之士以此梯榮而謂婦人無與乎此故一二著作家如蔡文姬班大家遂若景星鳳凰之爍人耳目至鄙學瞀儒反有泥無攸遂在中

饋之說而謂泓穎之事非閨中所宜者則尤恂愨之見也淑華夫人爲吾友黃子秋平之配於詩無所不工或以秋平之貧爲嘆而謂夫人之命適窮於詩余曰是何言也秋平學古人之學其子無假年甫志學而讀書等身詩文皆驚其長老瓜牛廬中父子夫妻更唱迭和肅如雍如似集良友揚州城中豊屋蔀家持粱刺齒肥者有一能如是者乎昔王覇名在逸民其妻別入列女分耀史策千古榮之他日文苑傳中三人同垂不朽則天之賚之者爲何如而區區以太夫人不忘挽鹿車時期之抑目論矣

學宋齋詞韻序

詞之體上不可以侵詩下不可以侵曲惟韻亦然顧林亭撰音學五書謂今人所讀之聲古人不知也漸入漸譌遂失其本音耳余心韙其言嘗怪詞韻踳駁苦無善本其韻有半通者輒注如某某字之類學者將何所適從詞之有姜張猶詩之有杜韓塡詞用韻而不步趨姜張汎濫固失之放拘守亦失之隘矣今觀四子所輯考覈既精刪併更確將見海內倚聲之家人挾一編而詞韻自是有定式豈非藝林之快事乎

道光歲次丙申孫琨謹編次

曾孫𨣧

醍校字

全椒　金兆燕　鍾越

曹忍菴詩鈔序

詩以道性情而詩之教則曰温柔敦厚吾嘗持此二語以驗諸古人大抵其性情厚者其詩未有不厚者也有唐三百年作者無慮數千人而性情之最厚者無如杜工部故工部之詩傑出於三百年中亦無如其厚者其意厚則其氣其味無不與之俱厚生逢堯舜君不忍便訣絕嘗擬報一飯況懷辭大臣嗚呼何其厚也余自弱冠奔走四方識天下之詩人甚夥然交游往來獨見其

性情之厚者惟忍菴曹君一人忍菴交余最晚而愛余最摯余年幾倍忍菴而忍菴不厭余而疏之賞奇析疑勸善規過惟余言之爲聽余嘗諦察其事親交友之間無不將以纏綿敦篤之意忍菴性情之厚蓋得之於天故其詩之厚亦如其性情而非力學之所能强者忍菴作詩十餘年篇帙已富今年甫届而立自取其十餘年之作汰存若干首付之梓人而索余言以爲弁余知忍菴之深故推本言之使海内讀忍菴之詩者如見忍菴之爲人也夫忍菴於事親交友間既人人知其厚矣今行且敭歷

中朝翺翔

輩下卷阿忠愛之忱其流露於筆墨者不知更當何若他日全集既成必有篤會昌一品而上者余雖老尚當有以序之

蘭堂詩鈔序

甲辰冬日寓居康山之麓課花閣中寒窗短晷旅思紛如羅君庭珠以其先尊人蘭堂遺集見示且以三都皇甫之役謹諉於余余因之而有感也憶余年十三四時隨先君子讀書揚州下榻於羅氏之宅其時景文先生高年碩望屏跡家居長子東萬先生才名冠兩淮第四

子需材先生蘭堂之父也以名諸生抱出羣之志同懷兄弟七業俱成與余同年共硯席者則東萬先生之第三子本儀字逵羽是時羅氏宅蔚食指數千爲揚城甲族後十餘年余以公車北上過揚州謁需材先生則不第其父與兄不可得見而逵羽之與余同歲者已墓有宿草矣後十餘年再過揚州而需材先生歸道山蘭堂閉戶著書罕接人事又十餘年余官教授來揚州則蘭堂又已物故於今老屋數楹庭珠奉母其中者猶余童子時蹴鞠椓釘處也回憶五十餘年如夢如幻如野馬陽燄不可捉搦昨歲舟泊響水橋肩輿入寶鈔門見夫

闓都出入之衆臂相交趾相錯者與五十年前曾不少異而細數其人其爲五十年前之人者有幾乎今余與庭珠共朝夕且爲序其先集以應之再數十年庭珠憶今日其亦如余之憶昔年也庭珠年尚少已能以風雅世其家聲蘭堂詩不止此此沉鮑兩名家所愼選而出者管中一斑可以知全豹矣

岳水軒黄歛吟詩序

古之傑才多出幕府少陵終身不偶而嚴中丞猶能以工部員外俾昌其詩後世無版職故隽出之士磨盾鼻作書者但因人作遠游而已昔晤水軒岳先生於都下

爲余道其生平游歷甚悉今先生已歸道山而令子捧其最後游稿黄歙吟見示歙爲吾少年游憩之地而齊安則入楚時停泊登眺處也展卷莊誦如尋舊游因思先生行萬里路時一鞭馬上意氣如雲而今日蕭寺一棺塊然於黑月空廊之際舊日相識無過而問之者人生世上其眞如蜉蝣衣裳不足以把玩也雨後秋燈悄悵書此紛來百感不知所云乾隆丁未七月既望書於邗江旅寓之秋聲館

俞耦生西洽展墓錄序

余先世本浙西人自始祖遷全椒以武勳爲百戸年少

從戎失其祖父名字故後世子孫入浙求譜不得左驗至於兆燕已十有四世矣每過武林無由訪先人之冢墓卽交游中有杭州金氏者亦無由聯綴宗支辨別昭穆芒乎芴乎徒付之浩歎而已俞子耦生遷揚州甫兩世殷殷然懼先世之貽謀一旦隕越西泠展墓冒雨登山於其阡壟碑碣一草一木之微靡不曲討詳稽傳之不朽余讀之再三感喟乃知聖賢冢墓之記爲功者大而讀書之士未有不以敬宗收族爲重務者也俞氏累葉以文章名世爲西泠望族可儀堂之遺書海内傳誦其聲光所被自足以映徹九泉而耦生兄弟暨其諸子

娙又以風雅文學噪譽江淮譬之草木宗生族茂盡發扶輿之靈氣於其旣也必以其條幹移植別區然後益加繁縟蓋取精者多收效斯廣理固然也他日邗上子孫必有與西泠同其盛者請以吾言券之

鄭蘭陔蜀道詩序

蜀中山川奇勝自少陵題詠後乃如五丁開鑿始闢鴻濛自是游茲土者靡不鐫鑱造化力竭其才以與景物相赴逮

本朝漁洋山人蜀道集淩轢百家嘘吸萬狀而奇觀止矣蘭陔鄭君以閩中著族積學工詩其譔著皆能嗣其

先世一日與余遇於都門出其橐中稿見示則皆赴任時蜀道中詩也雄傑蒼秀不名一家而於古昔與廢名賢遺蹟之地尤流連憑弔三致意焉今人所號稱能詩者類皆批風抹月覓閉門之句及至躬覽形勝轉苦儉腹枯豪索然如寒竿廢井之無以自見以是而欲入主客之圖自命騷雅蓋亦可恥也已蘭陔有幹局擅能吏才作令數年即書上考擢要職而於推案相仍之下益富吟帙昔坡公謂錢穆父電掃庭訟響答詩筒以觀蘭陔不信然與今蘭陔復奉

簡命仍赴西川感興所至必又有大殊於昔者昔少陵

慶至蜀詩境皆各不同漁洋蜀道集與雍益集亦各殊異祖餞之下攬袂依依他日郵函遠寄更誦新篇當不須再披棧道騾綱之圖而已如置身於劍閣也矣

羅雪香詩稿序

歐陽公云物莫不聚於所好而好常得於有力吾謂詩文之事尤然小邑村巷之人僻處窮門朝夕鄰里抱一卷書孳孳謀生之不暇雖有異才奇質而限於見聞未易觀厥成矣羅子雪香余世講也少年時見其在家塾循循讀書好為奇字之問余嘗以英俊目之近數年作客楚中歸則詩卷束牛腰不下千餘首余間取而讀之

謂之曰子少年才力如此老夫甘拜下風矣雪香以豪上之氣壯盛之年客居漢上日所交接大抵皆席豐履厚酣豢之子而雪香一客數年絕不染浮渲之習偶有贈答若老頭巾訓子弟語兩年來屏居里門作南陔白華之養無日不讀書亦無日不作詩余寓廬與雪香居處最近不數日卽持所作見質不以余爲老耄而棄之余亦樂與之談賞析不倦乃知雪香之所好專在於是篇帙之富有若干首今擇其最稱意之作付之剞劂雪香勉之爲之不已必以是名昌其詩正所以昌其身也余老病將歸頗有纖見之志他日一棹邗江重逢舊雨

並讀新作當可滿引一觴而爲之續序也

汪訒菴于役詩序

昔宋歐陽文忠有于役志而前明嚴介溪亦有于役賦介溪之爲人不足重故其文無道之者歐陽之志亦第紀其舟車之經歷頓泊之歲時而篇什亦不著焉豈非勞於形者攖其甯固有所不暇也與訒菴汪君以都水郎官督修
泰陵往還數旬既蕆事出其囊中之作遂已盈帙是豈獨其詩爲不可及哉吾知其幹局有不凡者矣六官之事惟考工爲最繁鳩數十百烏合之人徛數十百淩雜

之物稽其艮楛察其勤惰營造有式程限有期是雖貲稟精彊之人未有不朝奮而夕劬者乃訊菴於雜遝煩囂之地條理秩如不事張皇而

欽工已竣塵坌版築之間密詠恬吟無異於左熏爐而右茗椀者惟其整是以暇以此為相則謝安石之圍棋賭墅也以此為將則祭弟孫之雅歌投壺也又豈區區志與賦之所可並埒者哉

方竹樓詞序

丙子丁丑間余客儀徵令署得與方君竹樓時時覿面竹樓愛作長短句余每倚聲和之詞箋往來一月幾數

十紙嗣是入運使幕十年作教授十二年皆在揚州與竹樓相距數十里每相見必以詞稿相賞析今年夏竹樓聞余將遷官入都郵特命櫂來與余別且出其詞索余一言以爲弁余謂詞盛於宋元而宋元以來詩人兼能詞者終鮮則其難易可知也經生晉儒謂填詞能壞詩格而戒人勿爲余曰此語不但不知詞且不知詩也古人以溫柔敦厚爲詩教至白石玉田草窗輩謹守此四字以爲詞而遂集大成於千古蘇陸諸詩人或斂手焉詞亦何負於詩哉竹樓詩豪縱雄偉而詞則專仿姜張無東坡稼軒滑易之習左畫圓右畫方眞異才也昔

日嘗謂前輩詩詞兼工者惟厲孝廉樊榭今其墓木已拱而揚人詞學之精無如閔徵君玉井及江橙里雲溪叔姪茲竹樓重與余會則橙里遠游雲溪卧病玉井一老頽然如枯木之枝余亦悤悤書驢券不復能與竹樓再倚聲也書罷悵然已亥六月既望

重訂曇花記傳奇序

唐時自金輪修三教珠英而操觚家徵引二氏之書遂如瓶瀉水若網在綱至玉溪薈萃侯鯖鬱爲異彩信乎象白猩唇非貧家真果者可咄嗟辦也赤水曇花記膾炙人口正如大官廚富於儲偫故隨手餖飣飫人孔多

在傳奇中亦如三藏之有華嚴矣但枝葉太繁排場太板賞必几桉則有餘悅目氍毹則未足也話山先生爲之薙其冗雜剔其榛蕪腔調之未協搬演之未洽者一一改絃而更張之李入郭軍壁壘改觀赤水有知定發後世子雲之歎耳

程縣莊先生蓮花島傳奇序

縣莊先生今之師伏也昔年試鴻詞不第歸益治經後以經學舉復報罷先生之遇可謂窮矣然先生遇益窮而志益高自兩居

京華後未嘗復屈有司度蓮花島之作蓋自爲立傳而

與天下共白其欲表見於世者耳兆燕少無學殖日抱觴牘爲諸侯客以餬其口戊寅冬與先生同客兩淮都轉之幕先生居上客右操槧著書而兆燕不自知恥爲新聲作諢劇依阿俳諧以適主人意主人意所不可雖繆宫商斧拍度以順之不恤甚則主人奮筆塗抹自爲創語亦委曲遷就蓋是時老親在堂缾無儲粟非是則無以爲生故澳涊含垢强爲人歡然每與先生一鐙相對辨質經史縱論古人因各訴其生平之轗軻阨塞未嘗不慷慨悲懷終夜而不寐也是時先生嘗爲余言蘧花島之大暑而行笥無稿本越七年乃以全部寄示余

余卒讀而深歎之使先生得志而行其所學則蓮花島中之奇功偉業當炳於丹青著之史策乃不得已而僅託之子虛烏有爲氍毹頃刻之觀以悅婦人孺子之目豈不惜哉然先生著書等身從未屈柔翰爲他人借面即傳奇游戲之作亦必自攄胷臆獨有古今則先生於文字之際猶未似其時命之乖蹇也昔王式受狗曲之詈轅固罹豕圈之辱申公胥靡溲中翁不獲與女徒復作同享其報古之治經者必如張禹馬融輩乃可以黍其身而昌其學然則抱高尚之志者其終於蓮花之島也夫

嬰兒幻傳奇序

佛門以童眞出家易修易證性命圭旨亦謂童子學仙事半功倍老子曰嬰兒終日號而不嗄嬰兒不知牝牡之合而朘作古今來能爲嬰兒者方能爲聖爲賢爲忠爲孝爲佛爲仙三教雖殊保嬰則一孟子曰大人者不失其赤子之心者也雖然赤白和合之後安浮陀時異歌羅邏時異至於嬰兒已非混沌無竅時比矣讀聖嬰兒傳奇者其勿以爲泥車瓦狗之戲也可

汪半堂制義序

四十年前與半堂角試邑里每一藝出諸曹偶皆伈伈

俔俔頫首下之余時竊名黌塾諸長老皆爭爲拂拭余亦沾沾自喜舉趾甚高然見半堂文未嘗不心折之也後余兩人既聯襟袂復申之以婚姻乃形迹則反疏於童丱時余操三寸不律游東諸侯三十年行篋中無舉子業半堂則授經近邑儁乂皆出其門後生末學經半堂口講指畫必卓然成大家今已齒豁髮禿頹然老矣猶與諸生徒按課程不爽時日嗚呼非深思而有得者顧能如是也與庖丁之解牛也痀瘻之承蜩也輪扁之斲輪也末技之瑣瑣者耳而莊生以之喻道故用志不紛乃凝於神制之一處無事不辦古人之言豈欺我哉

今年春半堂來揚州訪余官舍一燈雨白髮相對黯然追憶四十年前如項領之駒不受羈縶乃忽忽幾時而少年歲月遂付之夢幻泡影中也可慨也夫

吳涇陽制義序 名授皃

唐以詩取士而李杜不登科遇合命也操其技而善之其光有不可掩者矣涇陽先生屏心壹志於經義之中少年斲輪老而彌篤持其所學品藻文囿經其指授者取青紫如拾芥然年至八十神明不衰橐筆入棘闈氣益壯今鐫其晚歲所作一編將以致顧雲鳳策聯華之卷求知已於

輦下吾知五老榜中必見其穎脫焉

天子壽考作人者儒入場即蒙

特恩異數先生必欲以其文得之而不欲聽長安中舍布衣而被元黃之謠也嗚呼可謂勇矣唐許棠晚年登第嘗曰自得一第筋骨輕健愈於少年故金華子謂成名乃孤退之還丹余攷棠於咸通中貧困甚謁馬戴而卹之然後名振十哲吾子勉之今日安知不有馬戴其人者哉丁未秋日書

江成嘉試草序　名德量

余教授揚州五年而登鄉薦者邑庠爲多郡庠或數年

不獲一傷竊深自咎豈博士之官失職與抑諸生之不自覆也今年秋學使者彭公歲試揚州召光燕而語之曰舊來新進生分入府學如進矛然授之以錞故進額雖多佳士殊少今以前茅置府學中爲諸邑作顏行將來拔萃而起者必大異疇昔矣余聞是言始悟郡庠之所以遜於邑庠也耕藉者種以黄穉雖有良農能爲嘉穀乎鼓鑄者鎔以鉛錫雖有良冶能爲精金乎覆試之日彭公指新進一生曰是儀徵之第一人在諸邑中惟東臺一生與之爲瑜亮耳余諦視之則江子成嘉也喜甚因白於彭公曰此子之伯父與父皆以博學擅風雅

才此子七八歲卽能文章府學得之實爲厚幸彭公大喜曰吾聞江左有兄弟齊名人稱爲松泉蔗畦兩才子者是其伯父與父與對曰是也彭公曰是眞可謂不鏤自彫者矣旣畢試成嘉持其文來謁余讀之旣歎江氏之多才且以服彭公之能知人也昔長文孝先繼元方季方之後各著名稱爲漢魏人士之冠余二十年前與松泉蔗畦結文字之交今成嘉與其兄庭凱又克方駕一門之盛豈偶然哉成嘉旣賦樂泮庭凱定將繼之妹先姊行固無害也因書其卷首以貽之

程中之試草序

新安程氏自篁墩先生而後代有夙惠余幼客揚州聞人談皀溪太史少年捷悟之事輒爲抃躍後十餘年太史歸田著書余獲爲三徑之游與其羣從子弟分牋授翰於五硯樓中鈞樹年甫弱冠踔厲風發語必驚人與余結契最密後余復來揚州而鈞樹之子中之已能入吟席賦高軒又有神童之目瑤華之林柯葉相繼益令蒲柳望秋自驚歲月之易得矣今年春以事赴真州適鈞樹送其子就邑令試並車同行借宿僧舍往返僅三日相唱和得數十首中之皆能賡續其句入試之晨余與鈞樹攜其左右手鵠立堂皇下見其神宇端定如大

將援枹臨陣之狀決其必克今果數試皆前茅文字出即膾炙人口昔管輅年未成童已爲一黌之雋單子春謂聽其言論正似司馬犬子游獵之賦蓋才鋒既淬發不可當非鈍根人所能強擬也夫龍媒之生冀其千里豫章之木期爲棟梁遇合命也積學力行在我而已荀子云少而學如日出之暘筠榭故常自教兒余更以是言爲客座之獻

程謚齋試草序

余與筠榭先生訂交三十年其諸郎君皆芝玉之秀長君中支以神童之才早入黌塾余既弁數言於其角試

之藝而梓之越九年中之以第二人食廩餼而季弟謐
齋亦游於庠人未嘗不歎庭訓之不可及也然亦知鈞
樹之所以教其子者乎鈞樹之言曰子弟必先處以曠
寂之境而後可以攝其神智而用志不紛城市之中非
讀書地也於是挈其家而居於柘溪者閲六寒暑漁歌
樵唱而外耳無所聞也湖光山色而外目無所見也烟
霞書卷交淪其性靈故發而爲文自有超乎塵壒之表
者他人即强效之而雅俗既判仙凡遂殊矣鈞樹屏跡
柘溪惟父子相唱和而不交一人今中之才名已與乃
翁相埒其諸弟又聯袂而起人之樂有賢父兄也詎不

信哉

程平泉試草序

昔人之以兄弟齊名者指不勝屈而王氏三珠勃爲著竇氏五桂儼爲超再索之英力致競爽不得令腰鼓議評滕其口說也平泉爲中之之弟謐齋之兄中之前十餘年即以神童游庠塾前年謐齋亦入黌序人或有妹先姊行之歎乃平泉學益力文益工今年中之中拔萃科平泉遂入郡學爲余上首弟子白眉之名一時鵲起余乃歎程氏之多才而吾鈎栅先生式穀之教爲不可及也憶昔與同社諸君子賦詩飲酒於鈎栅齋中中之

方十餘歲平泉謚齋皆不滿十齡而授簡秩如必使置之泓穎之旁無敢有與比舍羣兒爲騎竹椽釘之戲者後鈞樹挈家居柘湖以烟波魚鳥之趣發抒性靈鼓盪眞宰每有所作必使諸子繼組之以翁樂故中之平泉謚齋三弟兒皆有連步接武之目而其餘繼那又皆瑶環瑜珥稱其家兒古人以多男爲多累如鈞樹者有鸞鳳而無虎豹雖至漢張耆百二十男子又何慮哉

程一亭試草序

程生一亭亡友鈞樹先生之少子也丁亥之夏與鈞樹聯詩社而其長子中之補博士弟子員以角試蓺相質

余喜而序之嗣是乙未丁酉兩年平泉謐齋相繼入泮余正爲揚州教授皆以數言弁其文以行迨筠樹既歸道山而余官京師與中之兄弟相間濶者數載今仍作揚州之客與中之對門而居遂得共數晨夕無間風雨今年十月一亭獲雋游黌其三兄挈之來見以文示余且曰余兄弟皆得先生爲皇甫士安今仍敢以弁言請余聞其言且喜且感憶中之入泮之歲一亭始生余與同社諸子縱飲筠樹齋中一時意氣甚盛後余官於此而筠樹攜家居寶應之柘湖六七年始歸歸不數年而沒今余重游於此而昔年詩社中人大半不可復見獨

余頹然一老備見其兄弟四人之文而爲之作序其亦
可慨也已中之舉拔萃科文譽翕然明年秋賦四子同
登筍榭可以無憾抑余聞之古人願爲人兄不願爲人
弟一亭十歲之後怙恃俱失而少年斁童不讀底下之
書不交浮華之友與諸哲兄怡怡一堂日以誦習爲事
昔羊堪甫生五子長和最少早孤而羊叔子大爲獎譽
蓋有以也一亭勉之焦明六翮老夫當拭目以觀矣乙
巳仲冬日

朱方來錦千兄弟試萩序

古人於大功同財之兄弟並席而坐易衣而出處同方

學同師故康樂惠連並非同父而池塘一夢獨有今古也余昔年教授揚州即闔揚城朱氏兄弟能行其德有古人風近年自國子官請急南歸仍客邗上朱師周翁因其子方來與余兒臺駿襟袂相連乃命同其兄配青從游於余時配青已入泮方來方應童子試愔愔大雅無佻達苟且之習聞其叔父履吉翁亦善教其子其子錦千早有文譽今年春方來錦千分占江都甘泉籍應試郡太守各取冠軍兩邑之人無出其兄弟之右者學使者來試兩人遂同雋焉試既竣方來偕錦千持其文來謁余英英玉立皆大成之器古人云一第溷子耳此

二人者豈長以一衿涵者乎萬里之程始於發軔吾所以樂其始者正將以觀其終也此時師周翁之母年九十神明不衰子五人一堂養志諸孫十餘人皆克家能文古所謂王氏一門人人有集者不過是矣家之昌國之瑞也紫芝之朱草不可於如鍼如豆時見之耶茲兩人鐫其同試之作以問世余因題數語以爲之弁使人知兩生之善學由於兩翁之善教也

道光歲次丙申孫琨謹編次

曾孫疇

醍校字

棕亭古文鈔卷之七

貞孝周聘吳汝姑五十壽序

全椒　金兆燕　鍾越

古人論貧賤憂戚玉汝於成而富貴福澤厚吾之生此言其理之常然而士君子禔躬守道則獨任其志不避其險不欲其災不慕其報以一意行之而矢成其志此自古志士仁人豪傑之所爲非可望之巾幗中也乃今於吾先老友吳指香中翰之次女見之四十年前余客揚州與指香定交作文酒之會聞有琅琅讀書聲自閨中出者指香曰吾兩女此其小者吾尤愛之厥名芝芳

字以貞白後凡角詩分韻必命貞白撿其書捧出無或舛遺指香性情豪邁客都中與故鄉之酒人周某者相契遂以貞白許配其次子夢槐其時夢槐與貞白方稚齡後指香南歸周留京中兩孀九載未之見而周氏之子游學他郡數年不歸並無音問後指香偵周氏娶婦而周以子未歸來難以迎婦又三年後指香皇皇覓其吉凶之信周氏赧之遂以子無歸期女難久守當官具狀情願退婚指香時應

召試

欽賜舉人中書門戶赫然媒妁踵至貞白請於父曰游

學他方幷同物故一旦歸來奈之何兒左右不離膝下願長事吾父以待伊伊卽遲之十年二十年無礙也必欲改適惟死而已指香憐之遂寢其議周氏以子不歸媿不來翁媪衰病貧困益深周翁歿貞白以在親室不敢成禮而素服三年常遣人省問老姑多方慰藉指香官中翰入京供職貞白勤儉督家多所寄餉以補其乏後指香獲罪戍通覊北五載貞白閉中閨不見一人茹齋繡佛晝夜祈禱指香嗣孫年始髫貞白養之以慈訓之以嚴以箴褂佐讀書不辭勞勩指香戍滿歸貞白聞信躍如始開中門灑掃書室整理花樹故人老友終日

談諧貞白力辨酒饌以博親歡雖古之姜詩茅容不逮也貞白今年二月年五十溯其守貞之始已滿年例當今

聖天子壽考作人於遐方僻壤之民有奇節異操可端風化者尤所愛惜而表章之地方大吏將攄其事以入告焉而余與貞白之父數十年風雅之交知其事最悉謹覼縷以爲壽言且以爲當事之採風者告

張母陶孺人六十壽序

滁州統全椒爲直隸州全椒去滁五十里姻族相望余十數歲應童子試客州城與州之俊乂納交有名諸生

張星舟者豪上士也數與往來自二十外隨先君任不復至滁鄉舉後客游數十年不歸逮五十始以領憑作揚州教授持全椒狀見州太守駐滁四五日而星舟之子夢香來見且請隨至揚州讀書蓋是時其父歿已三載其諸弟尚少隨余讀書母陶太孺人之命也太孺人爲名家女工德皆具初嫁時家豐腆事舅姑以孝教子以嚴舅翁績學力行僅以廩膳貢成均而星舟復賫志以歿夢香之來從也太孺人送至門訓之曰吾兒性慧而體弱里中無良師故遣汝行然父母欲子之榮而又憂子之有疾遠家從師其慎之矣夢香處余官舍數年

學益勤文益工爲督學使者所驚契乙酉選拔
朝考優等都中人皆引重之己亥
恩科余送鄉試與夢香並兩弟竹軒杉岑同寓而夢香
之病已篤是歲冬余遷擢博士入都辛丑聞夢香已物
故數年來余客揚州其仲弟竹軒亦館揚城朝夕繼見
竹軒力守古人之學詩與文皆不作近人語家益貧債
日追束修所入不足以供菽水前年夢香之妻今年竹
軒之妻相繼淪喪竹軒塊居客館日念老母與兩弟儉
歲無儲鬱伊終日重九之日詣余言曰吾母於十月上
澣年六十矣使吾兄尚在如二十年前時尚可製錦延

客作平原十日之飲今將隻身而歸幸吾弟拜吾母於堂下未知是日何以爲饗吾思富貴之家必走使持幣丐名公卿一言以爲其父母之壽某安能之其專以先生之言持歸老屋誦之吾母之前以爲樂乎。余曰古人愛敬其人而洗腆致養皆曰爲壽無生辰之舉也生辰器幣唐末始有之而馮道在晉天福中爲上相尚不記生日不受器幣祝壽之文前明之陋習也笙歌酒食之場賓從雜遝其十二屏中但有赫然一撰文貴人名以爲光寵介眉旣過置之箱篋中聽其自朽問其子孫亦不知文中何所云其赫然撰文貴人亦不知其有是作也如是而已而子於貧賤困窮之際尙欲我世外閒人一言以爲樂而我回憶五十年前童少舊事如夢如幻不第君之先人不可見卽吾發穎豎如令兄者亦早棄予將來君與兩弟以奇文致顯仕而太孺人耄耋期頤躬享其樂回思今日不又如青鏡之浮雲哉是爲序

汪鈍叟七十壽序

語云富貴福澤以厚吾之生也夫人仕宦得志致身通顯坐享萬鍾此亦富貴之極致而古今所不易得者然晨而待漏暮而延賓秉燭而草封事擾擾焉惴惴焉安見有能厚其生者處富貴之中而以福澤厚其生惟公

子之與封君耳然兼之者爲難兼之而酣豢之習中之者深无咎无譽飽食以終老此庸庸之福君子又羞稱之吾嘗觀於海州分司汪公之太翁鈍叟先生而知其合公子封君爲一人而又能不爲公子封君酣豢之習所中也先生爲司農公之孫觀察公之子生於膏粱錦繡之中而淡泊其志劬勞其身自少已然觀察公歷外內十數任先生無不朝夕左右恪其子職同年誼故登其堂者不知先生之爲貴介子弟也時伯叔弟兄多列膴仕先生少屈其傲岸不羣之氣奔走貴游未有不掇巍科致清要者而先生閉戶讀書尚友古人門以外可

羅雀逮觀察公罷官棄世中丁多故家貲蕩然先生率
其妻若子屏居城外委巷中朝釜無烟而城中姻黨可
援者從不一至其室年過五十始稍出其心計爲什一
之謀不數年遂以至裕乃命其二子訓之曰吾家世受
國恩惜吾老不能效公孫卜式之所爲以報
朝廷今
天子方撻伐西戎不惜以數千百萬餉士卒我輩安坐
家食於心安乎大兒恪謹可侍吾老次兒有用世才當
乘時以圖進取也於是分司 公承命援川運例赴銓來
官兩淮先生又訓之曰鹽官羶窟也極意廉潔尚無以

自白於人况隨俗波靡乎胡威豈子且能問絹陶母婦人猶必封鮓今後爾若以不餙之物來啖而翁必受大杖勿宥也故分司公督泰壩數年清操流播人口逮至海州商竈無不頌其德者然則先生始於富貴終於富貴而無一富貴之念芥蔕其胸中也今先生年登七袠而強健如四五十人則其生之厚固有得之天而培之人者區區富貴之福澤又不足言矣故因祝嘏之辰而覼縷其顛末以侑一觴焉是爲序

比部吳漁浦先生壽序

昔武王之銘曰恭則壽而孔子之論仁知亦曰仁者壽

然則延年益算之術無踰此兩言矣蓋惰慢不設於身體則其氣清明谿刻不存於胸懷則其宇廣大淸明廣大壽之原也灌莽叢薄枝葉迫迮望秋而零蒼松古柏離立相讓不傾不側而峙立千載是非恭之象乎虎狼相噬獵者得之騶虞不踐生草而翱翔靈囿無傷之者是非仁之效乎吾於比部漁浦吳公信之公生平退然若不勝衣吶吶然如不出諸其口見人困厄百計以賙卹之貲產所入半耗於睦姻交友往來縞紵之贈爲比部極意平反務求其萬一可生之道雜治詔獄讞成每爲之終日不食以余所見當世士大夫多矣恭而仁無

如公者然則公自有得壽之方也與憶昔四十年前兆燕隨先君子讀書於鈔關河下羅氏之宅公之猶子來受經與余同塾爲友公之尊人贈君公泉公伯兄時相過從公隨諸父兄後退然抑然終夕不儳一語後先君子又適館於公家爲公少弟師則與公益相引契如骨肉親公官西曹時余每計偕入都必相見而喜相別而悵青芻白飯之惠下逮奴馬今余宦游揚州公已懸車數載樂志家園遂得奉几杖與公作忘年交春秋伏臘之會無虛歲然嘗竊覘公之容貌辭氣則仍然四十年前隨諸父兄後退然抑然之狀也公之恒其德如此享

大年而膺榮譽豈偶然哉抑余更有慨者余之初識公也余年方童公年尚未及壯一轉瞬間公已耆耋余亦衰老昔之與先君子爲執友者惟公與公之伯兄巋然並存時時與余談往昔事而揚城中昔之鐘鳴而鼎食者今或不見其子孫亦無人道其姓氏焉然則造物之厚報公與公之自永其年者其故不可深長思與孟陬轂旦爲公誕降之辰余既拜公於堂因追敘生平而覼縷以爲公壽公其手斟一觴而益追懷往事爲之一陶然一喟然也

吳青崖先生八十壽序

青崖先生兆燕之父執也憶昔四十年前兆燕隨先君子來揚州授經於河下羅氏之宅時先生之居與羅氏隣嗣君疇遠日抱書入塾與兆燕及羅兄逵羽同年歲若弟昆先生之太翁蜚英先生年已七十先生少先君子十二歲賓主款洽愛敬交并兆燕與疇遠逵羽兩兒每聞先君子與太翁暨先生昆仲輩雄談劇論竊聽以喜見先生侍太翁側愉色肅容先意承志孺慕之愛溢於眉宇先君子輒向人嘖嘖稱嘆之且舉以爲兆燕訓蓋是時兆燕未成童先生年甫逾壯回憶曩游如昨日事乃忽忽四十餘年先生壽登大耋而兆燕已齒豁頭

童年近六十矣古人每謂膏粱紈綺易於損和故富貴所自有者惟壽不可知此蓋方隅之見而非篤論也富貴福澤本所以厚吾之生顧用之者何如耳惟聖賢修其身而戩其穀故被袗鼓琴自獲期頤之壽而周之望奭漢之蒼禹皆享大年未聞介眉祈耇定爲山澤之癯也先生文孫芬餘中翰以名孝廉入西清聲譽翕然先生疊膺

紫誥席豐履厚者數十年今且爲曾孫娶婦而精神强健有少壯所不能及者大憲異之藉其才綜理鹺務先生寅而出酉而入與羣後輩齗齗持公議無倦容裠展

少年見之靡不咋舌此豈賦於天者獨有異與蓋其躬行儉德處膏不潤日以淡泊甯靜之道愼守其身故腐腸之藥伐性之斧皆不得投其間而抵其隙也先君子往來揚州交游最盛今惟先生與先生之仲弟瀨浦員外兆燕猶得撰杖屨談往事焉故捧一觴於先生之前而覼縷以爲之祝

陳藩翁九十壽序

兩淮鹺務行於江之南者以白門爲界京口距揚城僅數十里而淮引之艘不得越江而渡以故鎭江雖近而畛域分白門雖遠而聲氣浹其於白門風土人情嘉言

懿行兩淮之人無不備悉其顛末如指諸掌者職是故也吾輩於數十年前即聞會城中有篤厚君子陳藩翁者其居家之孝友則萬石君之門風也其持身之高潔則閔仲叔之介節也其襟懷之浩落性情之爽朗則周瑜之飲醇樂廣之披霧也揚之人業鹺於白下者歸而傳述其瑣事細行及其家子弟率教之謹嚴無不以為太邱復生元方季方之復出也又數年聞翁七十矣其健如四五十人也又數年聞翁八十且

欽賜粟帛矣翁之健如昔而孫曾則日多也客歲之春翁之長孫官西蜀而次孫則以鹽官筮仕兩淮揚之人

聞其至無不爭相謁敬詢翁之起居且欲備聞近日之
道範以爲私淑之資乃知翁已沐
恩封今年且壽登九秩而其健仍如七十時無少異也
夫壽至九十蓋人生難得之數矣數至九而大全河洛
之數自一至九由九而衍之其數無窮而要不能有加
於九之外也九九之術以之干齊而桓公以霸然則官
山府海擁禺筴之利者舍九九其何以哉箕疇至九而
五福備用是知翁之以德獲壽者蓋得天地之全數而
相衍於無盡也翁之孫某某先生爲上憲所重委攝參
軍之篆夙夜在公與吾輩朝夕繼見於是聞翁之嘉言

懿行尤倍於平日適値翁攬揆之辰故共捧一觴張錦屏以爲之祝是爲序

嚴漱谷先生七十壽序

自昔漢唐諸侯得以徵聘賢才署爲丞掾而英奇傑特之士遂多出於版職之中少陵贈高達夫詩云十年出幕府自可持旌麾蓋古之人以此爲仕進之路故懷抱利器者每輻輳於是焉至於今則鞍馬依人閉置以老自非經濟足以蓋世而爵祿不入於心者鮮肯曳裾而投足焉捷宦之徑一變而爲大隱之鄉時爲之也余少年時往來浙東西嘗聞杭州有兩名世才曰漱谷嚴先

生西顥汪先生後既得交西顥復與西顥同客兩淮運使官齋其晨夕者匝歲維時澂谷先生則居鹽政之幕雖兩相聞然不獲相見也今余爲揚州學官先生之子春林亦官鹽運經歷余既與春林結兄弟之好遂得拜先生於牀下而時時以其所學就正於先生先生爲人醇粹沖和不露圭角而明於料事決於知幾嘗與余杯酒間備道其生平閱歷北至塞垣南沿海嶠凡兩戒之山河九邊之阨塞歷歷如指諸掌數十年督撫大吏之成敗功罪皆一一洞悉其本原而不同於膚說目論人云而亦云者使先生操尺寸之柄爲所欲爲其立顯功

而亨榮名者當未易更僕數乃僅以生平抱負爲他人
作借箸之籌德宜尸祝而草野不知功可銘勒而
朝廷不聞至於今槁項黃馘匿跡銷聲徒與詩客酒人
冷吟閒醉於煙虹寂寞之地豈先生旣不近名而天卽
以世俗浮慕之名不足以溷先生而別有所以厚報先
生者耶先生弱冠失怙年甫壯卽奔走四方求甘旨以
養母輪蹄舟楫朔雪炎風辛苦備嘗而精力亦愈强健
嘗入節使幕中總持其政簿領之積堆案相仍炳燭夜
分無幾微倦勉態老鈴下窺牖嘆息而去而所謂節使
者但坐嘯讌讌而已是蓋其秉賦之厚有百倍於人者

故年至杖國而飲酒一舉數十觥賦詩下筆成數千言
花月之夕朋曹親串以曲讌招者無虛日未嘗以勞劇
辭不赴由此而耄耋而期頤固無待賓筵之祝而春林
善繼善述將以先生隱被斯民之澤一一發皇而揚厲
之官日以顯養日以隆
覃霈之封層累益上而先生方且扶杖含飴日見其孫
曾之接武而起而同念當日庾公之樓郗生之帳所謂
坐嘯而畫諾者其人半已煙銷灰滅其子若孫亦多委
頓窮困而無所倚薄然則天之所以報先生者詎不厚
與先生以辛卯仲春之三日壽七十先數月卽渡江歸

西湖與故鄉之老友作眞率會賦詩四章遍邀諸同人爲繼組之作而春林將於季春之吉迎請至揚稱觴爲壽先以屏障之言謬諉於余余雖獲受教於先生之日淺而先生引以爲忘年之交所以知先生者最悉因放筆爲文若干言以塞春林之請春林其先寄求訶潤於先生且以質之西顥先生其以余言爲何如也

江都尉陳淸溪五十壽序

自古以守令爲親民之官吾謂守之親民不如令令之親民不如尉也唐以科目取士舉人之獲登進士者初授官則以尉數年轉階卽爲御史其視尉蓋甚重與我

國家愼重官方無散冗之職而一邑之中丞簿或不必備無不設尉者其僻簡之地甯無令而有尉故尉之數較令多一焉豈非以與民親者莫若尉與余爲揚州教授十二年矣所見丞倅不下數十人而切切親民事如已事者惟江都尉陳公清溪爲甚陳公太邱之裔也隨其叔祖宦詹公官京師遂占籍都門少年博學能文聲譽籍籍而屢試不售年未冠即棄帖括習刑錢之學隨其兄樸被來江左東諸侯交口稱之性純孝所得修脯皆寄歸養親不肯以絲毫爲飲博費篤於友愛隨兄客游自任勞勩姊氏諸甥同居一室入其家雍雍如也閭

毋病卽兼程歸親侍湯藥衣不解帶者兩月時兩兄皆遠客千餘里外慎終之事已獨任之初官當陽漳河口巡檢旋移河溶兼署遠安尉桐城鐵松姚公之守安陸也謂僚屬中無如陳公者一切疑獄皆委治之俄署荆門建陽司兼署安陸經照二篆時緬匪跳梁委辦軍政一官四印眠食俱廢而盤根錯節無不洞合機宜上游上其功蒙

恩議敘人皆榮之公之返荆門也士民奉綵衣張繡蓋者遮迾塞路由建陽至河溶五十里香燈相接雖督撫大僚之遷官而去者無此景色也署荆門時以外艱去

官時姚公移武昌卽延之入幕倚賴在諸客上後揀發江南初署如皐石莊巡檢復署江浦尉旋借補江都至今已六載矣守令屢易無不重公之德愛公之才者街巷之中三尺童子皆呼公爲慈父母而公於公餘之暇濁酒一樽殘書數卷蕭然如未遇寒士日以經史課其子爲異材令子受業於安定山長吳並山先生之門作文殊有師法取巍科如反掌也今年小春二日爲公五十誕辰寅僚士庶爭謀製錦屏獻康爵焉余時將遷官入都行有日矣羣謂余曰君與陳公交最契悉其爲人而作文不作妄語障上之文非君不可其勿以束裝不

暇辭也余曰有是哉焉敢辭乃於祖帳餞筵之傍乘醉濡毫走筆而爲之序

李母俞太孺人七十壽序

今年春余奉簡命教授揚州將之官表弟李子端舒出祖於郊擧袂而請曰嘉平之月爲吾母稱七袠觴願得兄一言以爲壽余維太孺人之壼行淑德籍籍鄉閭間余小子謭陋不文亦何能稱述萬一然太孺人之備全福享大年固自有道余小子知之最詳不可不向媚御閥閲之家覼縷其事以爲諸巾幗勸也憶余弱冠時爲塾師於太孺

人之家於時嘉定公致仕家居息園公盡色養之道太孺人實襄佐之余之初入塾爲蒙師也稚衣丫髻出而抱書者爲太孺人之庶長子太孺人顧復之篤督課之勤往來其家者皆不知非太孺人出也後此子不禄又數年而始生端舒又生端舒之弟於時先君子休陽公致仕家居太孺人則又延入賓館命端舒受經余時久客游每歸覲必起居太孺人見太孺人顧復之篤督課之勤猶昔日也卽端舒兄弟亦不自知非太孺人出也嗚呼可謂難矣嘗考之詩周南一十一篇言女德者十召南一十四篇言女德者九然樛木小星詩人每於嫡

庶閒三致意焉自二南之化衰而江沱遂有作矣求如
詩所云終溫且惠淑愼其身者古今來詎有幾哉然則
端舒兄弟今日之克自成立論先人之芬將爲
國家有用之才而以
鸞誥金花榮其堂上者固嘉定公父子兩世厚德之報
而實太孺人之溫惠淑愼有以徵祥而召和也蓋太孺
人爲孝廉俞靜菴公之女靜菴公才兼文武學足燕詒
至今其孫曾皆有令譽故其女子之適人者莫不有賢
淑聲爲里黨法古人謂芝草無根醴泉無源是豈然歟
抑余重有感焉昔先君子與嘉定公以肺附爲莫逆交

歲時讌集兆燕必隨先君子後撰杖執爵一時之客工詩善弈者參錯於庭屈指計之僅三十年事耳而當日主客遂無一存者太孺人閨中之侶翁之妾三人夫之妾二人當日之所共事酒漿者今亦不可復見即末坐少年如余小子者亦已齒脫髮禿頹然就衰而太孺人則猶健飯健步享大年而備全福易曰恒其德貞婦人吉然則太孺人之以貞恒而逢吉也豈不有道也哉循檄白下秋露橫江北望家山青入衣帶篷牕獨坐有觸於懷乃走翰爲此以寄端舒端舒其於稱慶之日捧觴於堂向太孺人誦之太孺人其囅然一笑憶及三十年

前單衣破帽咿唔東舍之一童子師也

外姑晉母胡太孺人七袠壽序

乾隆丙戌嘉平朔爲吾外姑胡太孺人七十誕辰兆燕於數旬之前束裝將出跽而請曰小子貧窶無以爲母壽者敢寄一詩以侑康爵可乎太孺人曰汝客游四方恃箋箋詞鋒爲生活計慣以膚濶不根之談塗飾人耳目久矣其又將以此紿老身哉吾自稱未亡人後攻苦擊淡撫兩子至壯歲有朝靡夕垂二十年今兩目昏眵病骨柴立尚清晨紉綴篝燈至夜半不克休我何壽之有哉汝欲壽我卽以我之生平閱歷饑寒無措狀自書

數語使後之人知之可耳撫華貢諛無庸向我聒也我何壽之有哉兆燕曰是乃母之所以壽也不見夫庭前之樹乎其始萌也幾遭踐踏者屢矣數年之後又加翦伐焉今茲扶疏婆娑喬幹竦立衢枝密樾蔭芘一家而夏之烈日冬之積雪寒暑其所獨受無有能代之者然以視夫弱蔓叢葩熠燿於階砌者萎枯榮落不知閱幾春秋矣噫兆燕三十時幸得與外舅同舉於鄉當時都下之集百餘人二十年後橐筆入禮闈者十無一二其中掇巍科登膴仕炫赫一時者亦已衣狗浮雲變態萬狀孰是其可常者乎故易之贊坤德曰安貞詩之美葛

覃曰無斁蓋言壽也今膝前二子皆成立長者早有文譽以第一人入上庠次亦竭力事親克奉甘旨年近上壽而動履矍鑠神明不衰此人間之至福也高孫荀潘之妻翟方進王祥之母雖睎是其可得乎太孺人矍然笑曰利口哉然吾無以易也乃於設帨之日召集諸子女外孫環列於座各賜一卮兕觥於三百里外舉酒遙祝自引巨觥既醉之後筆飽墨酣遂謹護而爲之序

道光歲次丙申孫琨謹編次

曾孫疇

醍校字